Bärbel Hanenberg-Kranz

FLINGERN
Kiez, Kunst & Kultur

Droste Verlag

WAS TUN?

VORWORT 4

DIE DORFSCHAFTEN FLINGERN UND ICKLACK 6

Vor den Toren der Stadt 6
Das Dorf Flingern 8
Flingern entwickelt sich 13

EIN NAME – ZWEI STADTTEILE 18

FLINGERN SÜD 18
Wilde Zeiten 20
Düsseldorfs erstes Kraftwerk 23
Der „Vampir von Düsseldorf" 27
Freizeit und modernes Leben 28
FLINGERN NORD 34
Schreber-Verein Düsseldorf 35
Freie Schwimmer 37
Ring frei 41
95 olé 43
Kriminelle Banden 48
Das Hohenzollern-Gelände 51
Spaziergang durch die Geschichte 54

HIER IST IMMER ETWAS LOS 66

FLINGERN SÜD 66
Tanz, Show und Kultur 66
FLINGERN NORD 70
Kunst vor Ort 70
Theater und Spiel 80

UNTERWEGS IN FLINGERN NORD 86

Einkaufsbummel im Viertel 86
Es(s)kapaden 101
Alle Jahre wieder 113

REZEPT KIRMESBLATZ 123
ADRESSEN 124

VORWORT

Wer heute an Flingern denkt, denkt an ein lebendiges, kreatives Viertel mit kleinen Geschäften, Ateliers und Galerien, an liebevoll restaurierte Stadthäuser aus der Gründerzeit mit aufwendig gestalteten Fassaden und an Menschen in den Straßen, mit denen man spontan ins Gespräch kommen und über Gott und die Welt plaudern kann. Flingern hat in den letzten zehn Jahren eine erstaunliche Metamorphose durchlaufen. Aus Düsseldorfs Arbeiterviertel ist Düsseldorfs Szeneviertel geworden.

Aber was ist ein Stadtteil ohne seine Wurzeln? Dafür, dass diese nicht verloren gehen, sorgen die Menschen, deren Familien seit Generationen in Flingern leben. Sie pflegen die Traditionen und halten die Erinnerung wach an Zeiten, in denen harte körperliche Arbeit und der tägliche Existenzkampf das Leben der Menschen im Viertel prägten. Wenn sie heute auch manchmal das neue, junge Volk erstaunt beäugen, das plötzlich ihren Stadtteil begehrt, so tun sie dies nicht ohne Stolz – wussten sie doch schon immer, dass Flingern etwas ganz Besonderes ist.

Als ich 2005 das Projekt Flingern online startete, wollte ich mit dem alten Vorurteil der Düsseldorfer aufräumen, der Stadtteil habe nichts zu bieten und sei eher suspekt. Ich zeigte Bilder von Straßen und Häusern, stellte Geschäfte, Ateliers, Galerien, Institutionen und Gastro-Szene vor und berichtete über das Leben im Viertel. Es

Auf Entdeckungstour durch Flingern

folgten Events wie *Flingern at night* und *Flingern rollt den roten Teppich aus.* Mittlerweile ist unser Stadtteil nicht nur in Düsseldorf, sondern deutschlandweit bekannt. Vergleiche mit Greenwich Village und Prenzlauer Berg machen die Runde, aber das ist meiner Meinung viel zu kurz gegriffen. Flingern hat seine eigene Geschichte und Entwicklung und kann nicht wie etwas anderes, sondern immer nur wie Flingern sein. Im Laufe meiner Arbeit lernte ich die „Ureinwohner" des Viertels kennen, hörte ihre Geschichten, begriff ihre Lebenseinstellungen. Das Stadtbild zeugt noch heute von Gebäuden, die neuen Bestimmungen zugeführt wurden. Das Miteinander von Alteingesessenen und neu Hinzugekommenen ist das Salz in der Suppe, das den Stadtteil so liebenswert und interessant macht. Schauen Sie sich an, was Flingern früher war und heute ist!

Bärbel Hanenberg-Kranz

DIE DORFSCHAFTEN FLINGERN UND ICKLACK

Vor den Toren der Stadt

1832, vor nicht einmal 180 Jahren, war Flingern, heute einer der bevölkerungsreichsten Stadtteile Düsseldorfs, ein beschauliches Stückchen Erde mit zwei Dorfschaften, einem Weiler, einem Landgut und zwei großen Hofanlagen. 630 Menschen in 66 Wohnhäusern lebten in diesem Raum, der umgeben und durchzogen war von Acker-, Weideland und großen Waldgebieten. Die Dorfschaften waren Flingern im Norden, mit großen Höfen und reichen Grundbesitzern, und Icklack im Süden, eine Ansammlung kleiner und armer Kötter. Die Dorfschaft Flingern zählte 391 Einwohner in 49 Wohnhäusern, die Dorfschaft Icklack 73 Bewohner in neun Wohnhäusern. Große Güter und Hofanlagen wurden gesondert gezählt, gingen aber in die statistischen Zahlen ein. Das Landgut in Flingern hieß nach der Säkularisierung 1803 Gut Düsselthal. Hier lebten in fünf Wohnhäusern 128 Menschen. Im Volksmund hieß das Gut „die Speckerhöfe". Sie wurden 1707 von Kurfürst Johann Wilhelm gekauft und dem Zisterzienserorden in Mönchenwerth geschenkt. Der musste seine alte Klosteranlage wegen des ständig drohenden Rheinhochwassers aufgeben. Die offizielle Bezeichnung des Klosters war Beatae Mariae de Felici Insula. 1708 wurde es zur Abtei erhoben. Der Hungerturm an der Ecke Fritz-Wüst-/Max-Planck-Straße erinnert noch an die alte Anlage. Also aufgepasst, Düsseltaler, ein großer Teil von euch lebt auf ehemaligem Flinger Grund und Boden!

Die Stadt Düsseldorf, die heutige Altstadt, war noch weit entfernt und so manchen Städter zog es aus der quirligen Stadt in die Sommerfrische nach Flingern.

Zum ersten Mal erwähnt wurde der Wald von Flingern am 25. November 1193 in einer Urkunde von Kaiser Heinrich IV. Da es damals noch

Der Hungerturm in Düsseltal

keine festgelegte Schreibweise gab, variierte der Name von *Vlyngerin* (1322) über *Vlyngherin* (1353) zu *Vlyngeren* (1365). Die Flinger **Ritter-Familie Hayck,** die zum niederen Adel gehörte, besaß den größten Grundbesitz. Das Rittergeschlecht arbeitete als Holz- und Markgrafen für die Grafen von Berg, die ab dem 14. Jahrhundert ihren Sitz in Düsseldorf hatten. Ihr Hof lag auf dem heutigen Grabbeplatz und ihre Ländereien reichten in der Altstadt bis vor das Liebfrauentor an der Ratinger Straße. Der Einfluss der Familie schwand gegen Ende des 14. Jahrhunderts, ihr Hof ging 1383 in den Besitz Wilhelms I., Herzog von Berg (1348–1408) über und die Familie zog sich auf ihre linksrheinischen Besitztümer zurück.

Der Flinger Steinweg, auf dem die heutige Schadowstraße, der

Wehrhahn und die Grafenberger Allee verläuft, war eine wichtige Verbindungsstraße der Stadt mit dem Bergischen Land, die mitten durch Flingern führte. Sie wurde so benannt, weil Kurfürst Johann Wilhelm II. (1658–1716) sie pflastern ließ. An ihr schritt die Entwicklung Flingerns voran.

Das Dorf Flingern

Noch 1875 gab es in der Dorfschaft Flingern ganz wenige, kaum befestigte Straßen, und die Häuser waren nur über kleine Wege und Gassen verbunden. Der **Koppelsweg**, die heutige Ackerstraße, führte bis in die Carlstadt, war aber bei Regenwetter für Fußgänger und Pferdefuhrwerke nicht passierbar. Die Köln-Mindener Eisenbahntrasse kreuzte den Koppelsweg noch ebenerdig und der Übergang wurde von demselben Bahnwärter geregelt, der auch für die Kreuzung an der Kölner Straße zuständig war – so verkehrstechnisch unbedeutend war die Ackerstraße damals.

Dörfliche Geselligkeit

Die Lindenstraße im heutigen Flingern

Die **Dorfstraße**, die heutige Lindenstraße, ging von der Grafenberger Allee, der Verlängerung der Schadowstraße, ab, ungefähr an der Stelle, wo heute die Birkenstraße beginnt. Sie schlängelte sich an Hecken, Gärten und kleinen ein- oder zweigeschossigen Häusern vorbei, um wieder – wie auch heute noch – in die Grafenberger Allee zu münden. An der Ecke Linden-/Wetterstraße lag 1875 noch das große Gehöft **Zum Tönnchen,** das seinen Namen im Volksmund wegen seines turmartigen Anbaus erhalten hatte. „Wir gehen jetzt zum Tönnchen" hieß so viel wie „Wir gehen jetzt zum Türmchen." Das gleichnamige Lokal erinnert heute noch daran. Die Hofanlage galt als Wahrzeichen der Dorfschaft Flingern und gehörte im 14. Jahrhundert zu den Wohnsitzen der Familie Hayck. Bevor die Gebäude in den 90er-Jahren des 19. Jahrhunderts abgerissen wurden, war die seit 1782 im Grundbuch eingetragene Familie Dübgen Eigentümer. Die große Toreinfahrt mit den Kastanienbäumen und mehreren davor liegenden Baumstämmen war seinerzeit eine idyllische Anlaufstelle für Künstler, die dort unter den Flinger Jungen Modelle suchten, um sie auf den Baumstämmen davor zu malen. Natürlich bekamen die Kinder da-

Hausgiebel in der Lindenstraße

für eine kleine Entschädigung. Wenn „et ene arme Möler is, e Kastemännche (25-Pfennigstück), un wenn et ene riche Möler is, e fünf Silbergroschestück." Die Kinder aber, die nicht ausgewählt wurden, hänselten die Maler, indem sie riefen: „Jonges, dot de Botteramme fot, da kömmt ene Möler." Von der Hofanlage Zum Tönnchen kam man zum Kradepohls- oder Kempersgäßken, das bis zur heutigen Hermannstraße verlief und dann in einem Feldweg endete, der gradewegs auf den heutigen Dorotheenplatz zulief. Die Birkenstraße existierte damals noch nicht.

Am heutigen Hermannplatz, da wo die Montessori-Hauptschule steht, war früher das große Grundstück der Gärtnerei Granderath. Direkt dahinter verlief die Perlgasse, ein Teil der heutigen Hermannstraße, die die Dorfstraße und den Koppelsweg miteinander verband. Etwas weiter, gegenüber der heutigen Regenbogen Buchhandlung, lag das Vogelsche Lokal, ein beliebter Treffpunkt der Düsseldorfer Bürger, die mit ihren Familien zum Nachmittagskaffee mit Bauernblatz (Quarkstollen) kamen. Die Dorotheenstraße gab es noch nicht und dort, wo die Lindenstraße sie heute kreuzt, lag der **Euler Hof,** eine Gutsanlage mit großem Park, von der Familie Euler immer als „Flinger Gut" bezeichnet. Sie wurde 1835 von Joseph Euler (1804–1886) erbaut und war unter seinem Sohn Otto Mittelpunkt von Künstlern und Gelehrten. Der Euler Hof diente der Familie als Sommerresidenz, abseits der Stadt, wo man sich im ländlichen Idyll erholen konnte. Die Umgebung war dünn besiedelt und zum größten Teil landwirtschaftlich genutzt. Das Eulersche Grundstück grenzte im Osten an die Schmedsgasse (Schmiedsgasse), die heutige Degerstraße, die die Dorfstraße mit der Flurstraße verband. An ihr lag – nomen est omen – die Dorfschmiede. Im Süden wurde das Gut von der Flurstraße begrenzt, im Westen von der heutigen Dorotheenstraße und im Norden von der Dorf- beziehungsweise Lindenstraße. Nach dem Ersten Weltkrieg verkaufte der Enkel des Erbauers, der Maler Eduard Euler (1867–1931), das Familienerbe parzellenweise. 1923 bezogen Franziskanerinnen, die in der Liebfrauengemeinde arbeiteten, das Euler-Haus an der Lindenstraße 199. Seitdem wurde

Ein Architekturdenkmal: der Eulerhof

Der Kürtenhof

es Liebfrauenkloster genannt. 1927 übernahm die Stadt Düsseldorf den größten Teil der Anlage, um darauf eine Wohnanlage für die ständig wachsende Bevölkerung zu bauen. An der Stelle des Liebfrauenklosters errichteten die Franziskanerinnen 1929 das Liebfrauenkrankenhaus, das am Ende der Siedlungsanlage in der Degerstraße lag. Heute steht auf dem ehemaligen Euler-Gut der u-förmig angelegte Wohnblock Eulerhof, ein Denkmal des Siedlungsbaus in Düsseldorf, dessen Fassade zur Dorotheen-, Linden- und Degerstraße zeigt und einen großen, begrünten Innenhof für die Bewohner umschließt.

Gegenüber der Schmedsgasse lag der **Dickens Hof,** der bis an die spätere Cranachstraße reichte. Die Bruchstraße zweigte schon 1875 von der Dorfstraße ab. Sie führte in den sogenannten Flinger Broich, ein mit Busch- und Sumpfpflanzen bedecktes Gebiet, das häufig überschwemmt war. Überhaupt hatte der Teil Flingerns, der hinter der heutigen Dorotheenstraße liegt, mit Bodenfeuchte zu kämpfen. So ist auch die Liebfrauengemeinde an ihr Grundstück durch eine Schenkung gekommen, weil die Feuchtigkeit so problematisch war, dass es niemand kaufen wollte. Bis heute hat die Kirche damit ihre Probleme.

Gleich zu Beginn der Bruchstraße lagen auf der linken Seite der **Kürtenhof** mit seinen Ländereien, die sich bis zum Flinger Broich erstreckten, und im Hintergrund der Engerhof, an den die Engerstraße noch erinnert. Wann der Kürtenhof erbaut wurde, ist nicht mehr bekannt. Ursprünglich hieß er Keltershof. Erst als er 1861 in den Besitz der Familie Kürten überging, änderte sich sein Name.

Laternen gab es nicht in der Dorfschaft Flingern. Damals musste man vor Einbruch der Dunkelheit zu Hause sein. Es gab hier auch keinen Arzt und keine Apotheke. Aber die Menschen wussten sich bei kleineren Gebrechen zu helfen und griffen auf ihre erprobten Hausmittel zurück. Hatte ein Kind ein Geschwür, so wurde Schwarzbrot mit ungesalzener Butter zerkaut und darauf geklebt. Erwachsene gingen gleich in den Kuhstall und legten möglichst noch warmen Kuhmist auf die Wunde, und Schnittverletzungen wurden mit Spinnweben umwickelt. Die erste Apotheke kam 1893 nach Flingern. Es ist die Viktoria Apotheke in der Ackerstraße 157. Ihre damalige Einrichtung ist bis heute erhalten.

Flingern entwickelt sich

Ab Mitte des 19. Jahrhunderts wuchs die Bevölkerungszahl Flingerns rasant. Wohnten 1832 noch 630 Menschen hier, hatte sich die Zahl bis 1877 auf 3070 fast versechsfacht. Dennoch war die Einwohnerzahl für die Größe des Gebiets noch überschaubar. Das Zeitalter der Industrialisierung hatte auch Düsseldorf erreicht. Doch die Städter wehrten sich gegen eine zu dichte Ansiedlung von stinkenden und lärmenden Fabriken, sodass die neuen **Industrie- und Kleingewerbebetriebe** weit weg in den Außengemeinden Bilk, Flingern, Grafenberg und Lierenfeld angesiedelt wurden, und mit ihnen die Menschen, die aus anderen Regionen nach Düsseldorf strömten, um hier Arbeit zu finden. Bis 1850 konnte Flingern noch räumlich genau abgegrenzt werden. Als aber Altstadt und Außengemeinden zum heutigen Stadtkreis zusammenwuchsen, verschmolz Flingern immer mehr mit den Nachbargemeinden Lierenfeld und Grafenberg. Und so wie sich die Stadt ausdehnte, so verschwanden nach und nach Höfe, Ackerland, Weideflächen und Sumpfgebiete und machten großen Wohnhäusern, Industrieanla-

Die Klosteranlage der Töchter vom Heiligen Kreuz

gen und Gewerbebetrieben Platz. Der ehemals landwirtschaftliche Raum war jetzt zerschnitten von Eisenbahnlinien, in deren Grenzen sich die Bevölkerung ausdehnte, aber jeweils unter sich blieb. Ab 1880 wurde ein Teil Flingerns mit Grafenberg, der andere mit Lierenfeld verwaltungsmäßig zusammengefasst. Die Folge davon war, dass zwei Stadtteile die amtliche Bezeichnung Flingern trugen – was bis heute geblieben ist.

Stadtteil 8 bezeichnete damals Flingern/Grafenberg, Stadtteil 10 Flingern/Lierenfeld. Einwohnerzahlen, die nach 1877 erfasst wurden, beinhalten deshalb immer auch Grafenberg beziehungsweise Lierenfeld. Lag 1881 die Einwohnerzahl im Stadtteil 8 noch bei 4050, hatte sie 1905 schon 17.256 erreicht. Im Stadtteil 10 stieg sie bis 1881 auf 3379, 1905 auf 21.344.

Ab 1950 wurden diese Stadtteile noch einmal in Stadtbezirke aufgegliedert, sodass Stadtteil 8 aus a) Flingern Nord, b) Flingern Ost und c) Grafenberg bestand und Stadtteil 10 aus a) Flingern Süd und b) Lierenfeld. Nimmt man Flingern Nord, Flingern Ost und Flingern Süd heraus, kann noch einmal das Gebiet dargestellt werden, das vor 1880 aus Verwaltungszwecken zum Raum Flingern zusammengefasst wurde.

Flingern Nord entspricht dem

ehemaligen Gebiet der Dorfschaft Flingern. Grundstücke und Immobilien blieben bis ins 20. Jahrhundert hauptsächlich in privater oder kirchlicher Hand. Hier siedelten sich Klein- und Handwerksbetriebe an, hier wurden Schulen, die Liebfrauenkirche, das Liebfrauenkrankenhaus, die Geburtsklinik und die Klosteranlage der Ordensgenossenschaft der Töchter vom Heiligen Kreuz gebaut. Die Häuser, die um die Jahrhundertwende entstanden, waren großzügig angelegte Stadthäuser mit liebevoll gestalteten Fassaden, hohen, mit Stuck verzierten Decken, großen Fenstern und Holzböden.

Flingern Ost, das Sumpfgebiet um den Flinger Broich, entwickelte sich auf der einen Seite zum Areal von Kleingärtnern; außerdem entstanden Anlagen für Sportvereine. Auf der anderen Seite wurden Industrieanlagen gebaut, unter anderem für die Hohenzollernwerke, und Siedlungen für deren Arbeiter sowie sozial schwache Einwohner.

Flingern Süd, rund um die Dorfschaft Icklack, wurde mit den Stadt- und Klöckner-Werken sowie den Dr.-Thompsons-Fabrikanlagen zum reinen Industriegebiet. Die Nähe zu den Großfabriken Oberbilks tat ihr Übriges. Es entstanden ganze Straßenzüge mit

Auf dem Hohenzollern-Gelände

werkseigenen Wohnungen von einfachster Ausstattung.

Verlässliche Zahlen über die Einwohnerentwicklung in Flingern ohne Lierenfeld und Grafenberg gab es erst wieder durch eine Volkszählung im Jahr 1950. Flingern Nord hatte jetzt 22.193 Einwohner, Flingern Ost 7235 und Flingern Süd 11.473. Sieben Jahre später waren es bereits für Nord 28.275, Ost blieb konstant und für Süd 16.276. Dieser enorme Bevölkerungsanstieg in den 50er-Jahren hatte seine Ursache in dem Flüchtlingszustrom der Nachkriegsjahre. Die Zahl der Vertriebenen und Zugewanderten erreichte in Düsseldorf 1957 eine Höhe von 169.238. Sie verteilten sich relativ gleichmäßig über das Stadtgebiet, sodass ihr Anteil an der Bevölkerung Flingerns schätzungsweise rund 25 Prozent betrug. Eine Auszählung 1954 ergab, dass im Flinger Raum nur noch 46 Prozent gebürtige Düsseldorfer wohnten. In diesem Zusammenhang ist vielleicht auch noch eine andere statistische Zahl interessant: Flingern, das ohne Unterscheidung von Nord, Ost und Süd heute als Arbeiterviertel bezeichnet wird, hatte 1950 einen Arbeiteranteil von gerade mal 44,2 Prozent.

Im Zuge der kommunalen Neugliederung im Jahr 1975 wurden Nord und Ost zum Stadtteil Flingern Nord zusammengefasst. Der Süden rund um die Icklack blieb Flingern Süd ausschließlich Lierenfeld. Beide Stadtteile gehören heute zusammen mit Düsseltal zum Stadtbezirk 2.

Früherer Blick über Flingern Süd und Oberbilk

Auch wenn Flingern 1993 sein 800-jähriges Bestehen feiern konnte, zeugen die Gebäude, so sie noch erhalten sind, von einer relativ jungen, wenn auch sehr bewegten 130-jährigen Geschichte. Ältere Spuren sind nicht mehr sichtbar. Um Neuem Platz zu machen, musste Altes weichen. Lediglich Namen wie Flur-, Acker- und Bruchstraße erinnern an frühere Bestimmungen.

Sommer auf Balkonien

EIN NAME – ZWEI STADTTEILE

Flingern als eine Einheit zu bezeichnen, das geht nicht. Hinter dem Namen verbergen sich zwei Stadtteile: Flingern Süd und Flingern Nord. Beide haben sich im Laufe der Industrialisierung zwischen den Eisenbahnlinien entwickelt, die den Raum Flingern von Nord nach Süd und von Ost nach West durchziehen und in deren Umkreis sich große Industriewerke angesiedelt hatten. Flingern war Mitte des 19. Jahrhunderts eine Außengemeinde der Stadt Düsseldorf, ein ländlicher Raum, der der Großindustrie viel Platz zur Ausdehnung bot. Um die Fabriken entstanden werkseigene Wohnanlagen für die Arbeiter und ihre Familien, die später in die Hand der Stadt übergingen.

Im Süden ist die 1845 gebaute Eisenbahntrasse der Köln-Mindener Eisenbahngesellschaft, die Mindener Verbindungsbahn, die Grenze zu Düsseldorf Oberbilk. Sie mündet in die Trasse der ehemaligen Düsseldorf-Elberfelder Eisenbahngesellschaft. Die Verbindung zwischen Düsseldorf und Elberfeld, einem heutigen Stadtteil von Wuppertal, gehörte zu den ersten, die in Deutschland gebaut wurden. Drei Jahre, von 1838 bis 1841, dauerte die Fertigstellung der 26 Kilometer langen Strecke, die über Erkrath, Hochdahl und Vohwinkel nach Elberfeld verläuft. Zu Beginn rollte auf ihr nur der Güterverkehr. Erst am 1. Dezember 1841 wurde sie auch für den Personenverkehr freigegeben.

Im Norden trennt die ehemalige Untere Ruhrtalbahn, eine Eisenbahnverbindung zwischen dem Ruhrgebiet und Düsseldorf, Flingern Süd von Flingern Nord. Auf ihr wurde die Kohle für das Flinger Kraftwerk transportiert.

FLINGERN SÜD

Flingern Süd ist bis heute ein Wohnquartier geblieben, durchzogen von stark befahrenen, aber auch verkehrsberuhigten Straßen.

In Flingern gibt es überall etwas zu entdecken

Hier und da ein Kiosk, eine Kneipe, aber keine Einkaufsstraßen. Auf einer Fläche von anderthalb Quadratkilometern hat es eine Bevölkerungsdichte von 6317 Einwohnern pro Quadratkilometer und ist damit weniger dicht besiedelt als Flingern Nord mit 7799 Einwohnern pro Quadratkilometer. Das liegt daran, dass der südliche Stadtteil eine größere Industriefläche für die Stadt- und Klöckner-Werke beansprucht hat. Zur Zeit der Industrialisierung im 19. und später 20. Jahrhundert lebten hier deren Arbeiter genauso wie die aus der Großindustrie in Oberbilk, zum Beispiel aus den Vereinigten Kesselwerken. In den 60er-Jahren ließen sich hier „Gastarbeiter" aus Italien, Spanien, Portugal, Griechenland, Tunesien, der Türkei, Marokko und dem ehemaligen Jugoslawien nieder. Es kamen Flüchtlinge aus Afrika und Auswanderer aus der ehemaligen Sowjetunion hinzu. Durch sie ist Flingern Süd ein multikultureller Stadtteil geworden und in der Hauptsache ein Arbeiterviertel geblieben.

Zum Einkaufen fahren die Menschen in die Innenstadt, auf die Parkplätze großer Einkaufsketten oder kommen für ihren täglichen Einkauf nach Flingern Nord – und das auf ganz kurzem Weg. Eine Unterführung der Eisenbahntrasse an der Birkenstraße in Höhe der Wetterstraße macht es möglich.

Und doch hat Flingern Süd eine Menge zu bieten, und zwar Atmosphäre, Straßen und Orte, die Geschichte geschrieben haben, und Freizeitanlagen mit Erholungswert für jedermann.

Wilde Zeiten

Wer kennt nicht die **Kiefernstraße** zwischen Fichten- und Erkrather Straße, umgeben von Gewerbebetrieben? In den 80er-Jahren geriet sie in die Schlagzeilen und monatelang berichteten die Zeitungen über die Hausbesetzer, die die städtebaulichen Pläne dort blockierten. Als die Straße 1902 eingeweiht und bebaut wurde, dienten die Häuser als Werkswohnungen für die Beschäftigten in den benachbarten Klöckner-Werken. In städtischen Besitz gingen sie 1975 über, nachdem die Fabrik geschlossen worden war. Die damalige Stadtplanung sah vor, die Häuser abzureißen und stattdessen ein neues Gewerbegebiet zu erschließen. Obwohl bereits 1981 mehr als einhundert Wohnungen entmietet waren, quartierte das Düsseldorfer Sozialamt Flüchtlinge, überwiegend aus Afrika, in einige der leeren Wohnungen ein. Das war der Startschuss

Streetart in der Kiefernstraße

Bemalter Bauwagen

für die **Hausbesetzer,** die auf der Suche nach preisgünstigem Wohnraum waren, der zu dieser Zeit in Düsseldorf rar war. Sie okkupierten die leerstehenden Wohnungen und sanierten sie. Im Laufe der Zeit kamen neue Besetzer hinzu, hauptsächlich Menschen, die aus anderen Düsseldorfer Straßen geraumt worden waren. Obwohl sich die Stadt mit Strafanzeigen wegen Nötigung und Hausfriedensbruch wehrte, legte sie es nicht auf eine gewaltsame Räumung an, sondern verhandelte mit den Besetzern. Zum einen sollte damit eine gewaltsame Eskalation vermieden werden. Zum andern ließ sich die Straße sehr schnell absperren und isolieren. Damit konnten ihre Bewohner – falls nötig – jedes Mal wenn sie die Straße verließen, polizeilich erfasst werden. Diese Maßnahmen richteten sich hauptsächlich gegen die militanten Bewohner der Kiefernstraße, die die Situation auf der Straße für ihre politische Agitation ausnutzten. Als 1986 die RAF-Militante Eva Sybille Haule-Frimpong zusammen mit Luitgard Hornstein, einer Bewohnerin der Kiefernstraße, und Christian Kluth, der ebenfalls aus Düsseldorf stammte, bei Rüsselsheim verhaftet wurde, da geriet die

Fantasievoller Hauseingang

Straße ins Visier der Fahnder. Es folgten Razzien, Hausdurchsuchungen und Observierungen.

Trotzdem konnte der Konflikt 1988 zwischen Hausbesetzern, Bewohnern und der Stadt friedlich beigelegt werden. Die meisten Ansässigen wünschten sich den Erhalt der Straße und ihrer Wohnungen. Sie wollten dort in Ruhe leben und setzten auf friedliche Verhandlungen und Legalisierung ihrer Wohnverhältnisse. Deshalb distanzierten sie sich schließlich von den militanten Vertretern, denen dadurch der Boden unter den Füßen weggezogen wurde, sodass auch sie den friedlichen Weg einschlugen.

Ende 1988 war es dann endlich soweit. Bewohner und Besetzer der Kiefernstraße erhielten Mietverträge bis zum Jahr 1998. Sie durften und dürfen in ihren Häusern darüber entscheiden, wer in eine freigewordene Wohnung einziehen und zur Hausgemeinschaft gehören soll. Wie es weitergehen wird, ist bis heute unklar. Fest steht nur, dass ein Sanierungsbe-

darf vorliegt und bestehende Mietpreise danach nicht mehr gehalten werden können.
Heute leben 800 Menschen aus 45 Nationen und unterschiedlichen sozialen Strukturen in der Kiefernstraße. Die Häuserfassaden auf der Seite mit den ungeraden Hausnummern sind auf 200 Meter Länge mit Streetart bemalt. Ein Besuch der Kiefernstraße gleicht dem Besuch einer verwunschenen Insel. Hier scheint die Zeit angehalten worden zu sein. Kinder spielen auf der Straße, und bei schönem Wetter sitzen die Bewohner vor ihren Häusern. Hier scheint jeder jeden zu kennen und zu schätzen.

Düsseldorfs erstes Kraftwerk

Das Wahrzeichen Flingerns ist sein Kraftwerk, dessen Türme und Schornstein Häuser und Straßen weit überragen und von allen Seiten markanter Blickfang sind. Ein Teil der Anlage gehört heute zu den technischen Denkmälern der Stadt Düsseldorf und ist Zeugnis der Industrialisierung in diesem Stadtteil.
1865 wurde das **erste Gaswerk Düsseldorfs** am Höherweg errichtet und 1866 in Betrieb genommen, nachdem Kerzen und Petroleumleuchten ausgedient hatten und Gasleuchten an ihre Stelle traten. Drei flache Hallen, mit der Giebelseite zum Höherweg, sind

Das alte Kraftwerk

noch heute zu sehen. Mit Fortschreiten der Industrialisierung und der Wohltaten moderner Erfindungen wurde in Flingern neben dem Gaswerk 1891 das erste Elektrizitätswerk Düsseldorfs eröffnet. Die gestiegene Einwohnerzahl Düsseldorfs und der Ausbau eines Transportnetzes mit elektrischen Straßenbahnen erforderten eine Ausweitung und Erneuerung nach damaligem modernen Standard. 1912 wurde Kraftwerk II geplant, ein Steinkohlekraftwerk, das 1913 in Betrieb genommen und bis 1927 weiter ausgebaut wurde. In zwei Kesselhäusern standen 24 Kessel, die den Dampf für die fünf Turbinen im Maschinenhaus bereitstellten. Die Kessel kamen aus den Vereinigten Kesselwerken im benachbarten Oberbilk. Die Hochdrucktechnologie konnte gleichzeitig zur Stromerzeugung und zur Produktion von Fernwärme für umliegende Verbraucher genutzt werden. Das Kraftwerk gehörte zu den ersten Anlagen in Deutschland, die diese Technologie zur Stromerzeugung

Die alte Anlage der Stadtwerke aus der Luft

Buchhalter der Stadtwerke um 1910

nutzten. Kraftwerk I wurde im Zweiten Weltkrieg schwer beschädigt und nach dem Krieg geschlossen, Kraftwerk II zwischen 1930 und 1940 noch einmal modernisiert und erweitert. Aber 1972 kaum auch hier das Aus: „unwirtschaftlich" und „veraltet" hießen die Gründe. Stromerzeugung mittels Steinkohle hatte ausgedient. Stattdessen erhalten die Turbinen seit 1965 ihre Energie aus der benachbarten Müllverbrennungsanlage. Dort werden jährlich 400.000 Tonnen Abfall verbrannt. Die entstehende Wärme erhitzt Wasser zu 500 °C heißem Dampf, der über eine 800 Meter lange Leitung ins Kraftwerk gelangt. Dort treibt er Turbinen an, deren Bewegungsenergie ein angeschlossener Generator in Strom umwandelt. Aus der verbleibenden Restwärme wird Fernwärme produziert. Das spart jährlich 90.000 Kubikmeter Erdgas ein. Na, das ist doch was! Unser Müll, den wir täglich wegwerfen, kommt als Strom wieder zu uns zurück. Elf Prozent des Strombedarfs privater Düsseldorfer Haushalte und 20 Prozent des Fernwärmebedarfs werden vom Flinger Kraftwerk gedeckt.

1972 wurde Kesselhaus B im Kraftwerk II abgerissen, um einem neuen Gasturbinenkraftwerk Platz zu machen. Dort stehen heute sechs Flugzeugtriebwerke der englischen Nobelmarke Rolls Royce. Betrieben werden sie mit leichtem Heizöl. Sie können innerhalb weniger Minuten zusammen eine Leistung von 120.000 PS erreichen, was einer Stromerzeugung von 90 Megawatt entspricht. Die Flugzeugtriebwerke kommen aber immer nur dann zum Einsatz, wenn kurzfristig zusätzlicher Strom benötigt wird. Die ehemalige Maschinenhalle von Kraftwerk II gehört zu den Denkmälern rheinischer Industriekultur. Eine in den Hallenboden eingelassene ehemalige Turbine erinnert an ihre frühere Funktion. Der Boden ist mit neuen Mosaiken restauriert, die Wände sind mit 14 großformatigen Wandbildern aus Stoff von dem kubanischen Künstler Jorge Pardo neu gestaltet worden. Mit der Halle verbunden ist ein luftiger Neubau, der heutige Verwaltungssitz der Stadtwerke Düsseldorf. Er tritt mit seiner Glas-Stahlkonstruktion in den Hintergrund und lenkt den Blick nicht ab von dem imposanten Backsteinbau im Jugendstil.

Seit 2005 ist die Stadt Düsseldorf nicht mehr Mehrheitseigner an den eigenen Stadtwerken. Als die

Die alte Turbine im modernen Ambiente

Anfang der 80er-Jahre in eine Aktiengesellschaft umgewandelt wurden, gingen anfangs 20 Prozent an RWE und 2001 29,9 Prozent an den Karlsruher Energieversorger EnBW. Ein Bürgerentscheid verhinderte damals den Verkauf eines größeren Aktienpakets. Erst 2005 wurden weitere 25,05 Prozent an EnBW verkauft. Düsseldorf hat seit dem Zeitpunkt nur noch eine Sperrminorität von 25,05 Prozent.

Von der Ruhrtalstraße, dort wo sie auf den Höherweg trifft, hat man am Spätnachmittag oder am frühen Abend den schönsten und stimmungsvollsten Eindruck von Flingerns Kraftwerk. Dann hüllt die untergehende Sonne die Gebäude und Kühltürme des ehemaligen Kohlekraftwerks in sanftes Licht.

Ebenfalls auf dem Gelände der Stadtwerke am Höherweg steht der denkmalgeschützte **Werksbunker,** ein Hochbunker, der wie eine übergroße Zigarre aussieht und sich 21 Meter hoch in den Himmel erhebt. Im ersten Moment fragt man sich, warum er so weit in die Höhe gebaut wurde. Bot dieser Bunker dadurch nicht eine gut sichtbare Angriffsfläche für die feindlichen Bomber? Gut sichtbar war der Bunker, aber gleichzeitig auch schwer zu treffen, weil er nur eine kleine Angriffsfläche bot. Im Innern war Platz für 310 Mitarbeiter. Zur Zeit des Zweiten Weltkriegs völlig ausreichend, denn die Stadtwerke beschäftigten damals am Höherweg circa 400 Menschen, die in Schichten arbeiteten. Der Innenraum des Bunkers ist vollständig erhalten und Bänke, Toilette und Waschbecken können noch im Originalzustand besichtigt werden.

Der „Vampir von Düsseldorf"

Bekanntester Bürger aus Flingern Süd dürfte wohl Peter Kürten von der Mettmanner Straße 71 sein. Der arbeitslose, ehemalige Arbeiter der Hohenzollern AG versetzte zwischen Winter 1929 und Frühjahr 1930 die ganze Stadt in Angst und Schrecken. Als „Vampir von Düsseldorf" ging er in die Polizeigeschichte ein, weil man glaubte, er tränke das Blut seiner Toten. Er schnitt ihnen die Kehle durch oder erstach sie mit einer Schere, seinem letzten Opfer zertrümmerte er den Schädel mit einem Hammer. Acht Menschen, sieben Frauen und einen Mann, ermordete Kürten in dieser Zeit, sieben weitere Mordversuche gingen auf sein Konto. Aber schon zuvor war er kein unbeschriebenes Blatt. Bereits 1913 ermordete er bei einem Einbruch in Köln die zehnjährige Christine Klein im Schlaf, die er zufällig in der Wohnung fand. Kürten geriet damals nicht in den Kreis der Verdächtigen, weil es keine Verbindung zu ihm gab. Bis 1929 saß er wegen Brandstiftung, Körperverletzung und Tierquälerei in 70 Fällen insgesamt 24 Jahre seines Lebens im Gefängnis. Am 24. Mai 1930 konnte er mithilfe seiner Frau vor der Rochuskirche in Düsseldorf festgenommen werden. Im anschließenden Prozess vor dem Schwurgericht der Landeshauptstadt gab er seine Taten zu, schmückte sie in allen Einzelheiten aus und gestand noch andere Verbrechen, die nie aufgeklärt worden waren. Peter Kürten fühlte keine Schuld und keine Reue. Als Motiv gab er einerseits Rache an, er wollte sich für das erlittene Unrecht während seiner Inhaftierungen rächen, andererseits sagte er, dass nur der Anblick von Blut, Qual und Zerstörung ihn sexuell errege. Das Gericht brauchte nur anderthalb Stunden, um ihn zum Tod durch das Beil zu verurteilen. Am 2. Juli 1932 wurde er im Kölner Gefängnis Klingelpütz hingerichtet. Auf dem Weg zur Vollstreckung soll er den Gefängnispsychiater gefragt haben, ob er in dem Moment, wo der Kopf vom Rumpf getrennt wird, das Rauschen seines Blutes werde hören können. Sein Körper wurde ohne Kopf beerdigt. Ärzte sezierten sein Gehirn, in der Hoffnung, organische Veränderungen zu finden, die seine Taten erklären könnten. Sein mumifizierter Kopf kam nach dem Zweiten Weltkrieg nach Amerika und steht dort im Ripley's-Believe-It-or-Not!-Museum in Wisconsin Dells.

Freizeit und modernes Leben

Als am 9. September 2005 nach 13-monatiger Bauzeit der **Stadtwerkepark** in Flingern Süd eröffnet wurde, erhielt der an Grünflächen arme Stadtteil 2,1 Hektar Parkanlage dazu. 1,47 Millionen Euro kostete die Anlage zwischen Kettwiger Straße und Höherweg. die ehemals ein Teil des vorderen Betriebsgelände der Stadtwerke Düsseldorf war und Flingerns Bürgern zur Freizeitnutzung geschenkt wurde. Eine fünf Meter hohe verglaste Lärmschutzwand schirmt den Park von der viel befahrenen Kettwiger Straße ab. Auf dem Gelände können sich Kinder nach Herzenslust austoben. Es gibt Anlagen für Skateboarder und Inline-Skater, Plätze für Beachvolleyballer und Tischtennisspieler. Und für die, die es ruhiger lieben, einen Platz für Schach- und Boulespiele. Und natürlich gibt es hier auch einen Sandspielplatz mit Wasseranlage, Schaukeln und Rutsche. Das ehemalige Pförtnerhaus der Stadtwerke am Eingang wurde umgebaut und ist heute bei jedem Wetter Treffpunkt für Kinder- und Jugendfreizeiteinrichtungen aus Flingern. Ein alter Baumbestand, Ahorne, Buchen, Kastanienbäume und Birken, beschattet hier und dort die großflächige Liegewiese. An lauen Sommerabenden und am Wochenende treffen sich junge Familien zum Picknick und Sonnenbaden.

Aus dem Betriebsgelände der Düsseldorfer Stadtwerke und der

Treffpunkt Stadtwerkepark

AWISTA ist auch die **Automeile** entstanden. 2001 erwarb ein Konsortium von Autohändlern die ehemaligen Betriebshöfe und siedelte auf dem Grundstück am Höherweg zwischen Ronsdorfer- und Ruhrtalstraße Ausstellungsräume, Werkstätten und Büroräume von zehn Autohäusern mit 13 Automarken an. Ein Gebrauchtwagenpark mit nahezu 1000 Fahrzeugen, ADAC- und DEKRA-Niederlassung, Straßenverkehrsamt und Autovermietungen bieten konzentrierten Service rund ums Automobil auf kurzen Wegen.

Der Höherweg hatte zur Zeit des Nationalsozialismus traurige Berühmtheit erlangt. In einem Zwangslager waren hier alle Düsseldorfer Sinti-Familien untergebracht, die entweder aus der Siedlung Heinefeld kamen, die im heutigen Stadtteil Unterrath lag, oder aus ihren Wohnungen gewaltsam vertrieben worden waren. Viele Sinti wurden von dort in Konzentrationslager geschafft und ermordet. Nach 1945 lebten in dem Lager die wenigen zurückgekehrten Überlebenden. Otto Pankok, deutscher Maler, Grafiker und Bildhauer (und nach dem Zweiten Weltkrieg Professor an der Düsseldorfer Kunstakademie), hat beide Zeitabschnitte in Bildern und Fotografien dokumentiert.

Die AWISTA

Das ehemals triste Gelände ist heute so angelegt, dass sich die Autohäuser an eine begrünte, verkehrsberuhigte, von West nach Ost verlaufende Fußgängerpromenade reihen, von der wiederum Wege zu den einzelnen Häusern abzweigen. Das Konzept der Automeile verbindet das Nützliche mit dem Angenehmen. Hier kann man sowohl im Grünen flanieren als auch neueste Modelle und günstige Angebote entdecken.

Schräg gegenüber dem Stadtwerkepark, ebenfalls an der Kettwiger Straße, liegt das Freizeitbad ↘ **Düsselstrand**, eine Wasserlandschaft für Jung und Alt. 1920 wurde hier Flingerns erstes Hallenbad gebaut und mit Fernwärme vom benachbarten Kraftwerk versorgt. Vom ehemaligen Hallenbad ist heute

Das alte Stadtbad in der Kettwiger Straße

nichts mehr zu sehen. 1995 entstand an gleicher Stelle der Düsselstrand. Auf 1300 Quadratmetern gibt es hier Warmwasserbecken, Whirlpools, Kinderplanschbecken, eine 100 Meter lange Rutsche, ein 25 Meter langes Sportbecken, in dem man ausdauernd schwimmen kann, und ein Außenbecken mit Wasserfall und Liegewiesen. Das Spaßbad ist an Regentagen und in der kalten Jahreszeit ein beliebter Anlaufpunkt für Kinder, Jugendliche und Familien mit Kleinkindern. Aber auch Schulklassen nutzen den Düsselstrand – für die Sportstunde Schwimmen. Und wer Entspannung sucht, für den gibt es eine Saunalandschaft mit Dampfbad, Massageangeboten und einer Freiluftanlage mit Blockhaussauna.

Die Schwanenhöfe werden aufwendig restauriert

Derzeit wandelt sich Flingern Süd ein zweites Mal. Aus der Dorfschaft Icklack wurde zwischen 1870 und 1970 ein Industriegebiet und Arbeiterviertel vor den Toren der Stadt. Nachdem die Großindustrie Düsseldorf verlassen hat, entwickelt sich hier jetzt sukzessive, nach Jahren des Stillstands, ein Wohn- und Arbeitsviertel der finanzkräftigen Kreativen.

Auf dem ehemaligen Postgelände an der Erkrather Straße ist ein neues Wohn- und Bürozentrum in drei 80–90 Meter hohen Türmen geplant. In den **Schwanenhöfen** an der Erkrather Straße 230, dem ehemaligen Fabrikgelände der Thompson-Siegel-Fabrik, entstehen bereits heute neue Büro- und Wohnlofts in den alten Gemäuern. Hier gründete 1897 Ernst von

Sieglin die erste Produktionsstätte für Seifenpulver unter dem Namen Dr. Thompsons Seifenpulver mit dem Signet des weißen Schwanes. Gemeinsam mit dem Engländer Richard Thompson war es ihm gelungen, Seife zu pulverisieren. 1880 erhielt er ein alleiniges Vertriebsrecht für Deutschland, die Niederlande und Belgien. 1929 beteiligte sich der Aachener Fritz Henkel an der Firma und übernahm ab 1933 alle Anteile. Fritz Henkel war ein Zeitgenosse Sieglins und hatte ebenso wie er eine Seifenpulverfabrik in Aachen. Er kam 20 Jahre früher, 1878, nach Düsseldorf und hatte seine erste Fabrik ganz in der Nähe der Schwanenhöfe in der Gerresheimer Straße. 1899 gab er sie an dieser Stelle auf, um sich in Holthausen niederzulassen, wo die Henkelwerke noch heute sind.

Die Schwanenhöfe mit ihren überwiegend industriellen Backsteinbauten dümpelten lange Zeit vor sich hin. 2009 kaufte eine Investorgruppe das 40.000 Quadratmeter große Areal. Sie will das alte Industriegelände mit vielen Pflanzen modern sanieren. Hier werden in den alten Gemäuern in den nächsten Monaten auf rund 30.000 Quadratmetern neue Räumlichkeiten entstehen: Büroflächen für Dienstleistungsanbieter, Unternehmen, Freiberufler und Verbände, Atelierflächen für Künstler, Gewerbelofts, Schulungs- und Produktionsstätten, aber auch Galerien, ein Kino, Restaurants und eine Kita.

Die ehemalige Außen- und Vorstadtgemeinde wandelt sich langsam zum urbanen Zentrum.

FLINGERN NORD

Flingern Nord erstreckt sich links und rechts der Dorotheenstraße, einer viel befahrenen vierspurigen Durchgangsstraße, in deren Mitte die Straßenbahntrasse verläuft. Bis vor wenigen Jahren noch war sie eine unsichtbare Grenze, die selten überschritten wurde und Flingern Nord in einen westlichen und einen östlichen Teil trennte. Jeder hatte seine eigenen Haupteinkaufsstraßen. Im Westen war es die Birkenstraße, im Osten die Flur- und Lichtstraße. Im Osten wird der Stadtteil Flingern Nord von der Eisenbahnstrecke begrenzt, die das Ruhrgebiet mit dem Rheinland verbindet. Er reicht mit seinem nord-östlichsten Zipfel, zu dem das Metrogelände gehört, bis an die Zweibrückenstraße in Gerresheim. Im Westen reicht der Stadtteil bis zur Düsseldorf-Duisburger Eisenbahnstrecke, die unter der Wehrhahnbrücke verläuft. Die Grafenberger Allee trennt Flingern Nord von Düsseltal, obwohl die Achenbachstraße auf der anderen Seite, die landläufig Düsseltal zugerechnet wird, im Grundbuch der Stadt Düsseldorf noch zu Flingern zählt.

Der Flinger Broich mit seiner Bezirkssportanlage, dem Paul-Janes-Stadion, dem Allwetterbad und den Schrebergärten liegt im östlichen Zipfel des Stadtteils, der früher dementsprechend Flingern Ost genannt wurde.

Training im Paul-Janes-Stadion

Kleingärtner am Flinger Broich

Schreber-Verein Düsseldorf

Wie wichtig in dem dicht besiedelten und armen Stadtteil Flingern ein eigenes Stückchen Erde zu Beginn des 20. Jahrhunderts war, zeigt der **Kleingartenverein** am Flinger Broich. 100 Jahre Schreber-Verein Düsseldorf, das ist eine Erfolgsgeschichte, die der Verein 2010 feiern konnte. Zwei Weltkriege, eine sich verändernde Gesellschaft und viele behördliche Stolpersteine hat er überlebt. Sein Erfolgsrezept: Zusammenhalt, kollektive Zielsetzung, Gemeinschaftsarbeit und die Liebe zur eigenen Scholle.

Als sich vor 100 Jahren 60 Familien in Flingern zusammenschlossen, mit den damaligen Eigentümern Kürten und Possber-Erben einen Pachtvertrag unterschrieben, um auf einem stillgelegten Ziegeleigelände am Flinger Broich einen Kleingartenverein zu gründen, konnten sie sich endlich den Traum erfüllen, mit einem eigenen Garten zur Versorgung ihrer Familien beizutragen. Ein eigenes Stückchen Land zu besitzen bedeutete zur damaligen Zeit, unabhängig von Angebot und Preisen zu sein. Das wurde vor allen Dingen in den Hungerjahren wäh-

Blick in die Kleingartenanlage

rend und nach den beiden Weltkriegen deutlich und ist bis heute in den nachfolgenden Generationen lebendig geblieben.

Aber ein Schrebergarten, so wie wir ihn heute kennen, war damals undenkbar. Jedes Stückchen Erde wurde zur Bearbeitung und Bepflanzung genutzt. An Stelle einer Gartenlaube gab es einen kleinen Verschlag, um die Gartengeräte unterzubringen. Bereits 1913 waren die anfänglich 60 Parzellen auf 147 angewachsen und 1920 wurde die heutige Größe von 234 Gartengrundstücken erreicht.

Ein hartes Stück Gemeinschaftsarbeit bedeutete es, das ausgebaggerte und wieder zugeschüttete Gelände urbar zu machen, das zum damaligen Zeitpunkt als Weideland für Pferde und Rinder genutzt wurde. Es war von zahlreichen Tümpeln übersät und von Brombeerhecken, Holundersträuchern, Schilf und Arnika bewuchert. Die Familien umzäunten das Grundstück, steckten Parzellen ab, erschlossen Wege und bauten ein kleines Vereinshaus. Das wurde im Laufe der Jahre durch ein größeres ersetzt und mit einer Festwiese beliebter Treffpunkt. 1929 gab es die erste Vollkonzession für Getränke und Speisen.

Und dann, 1944, vernichtete ein Luftangriff auf Düsseldorf alles bis dahin mühsam Erreichte. Viele Familien, die sich zum Zeitpunkt des Angriffs auf dem Gelände aufgehalten hatten, verloren ihr Leben; das Vereinsheim und die Gärten wurden zerstört. Trotz dieses Rückschlags hielten die Familien zusammen und bauten nach Kriegsende ihre Gartenanlage wieder auf. Da musste schon viel Improvisationstalent aktiviert werden, denn Baumaterial war zum damaligen Zeitpunkt knapp. Noch heute gehören 100 Parzellen den Nachkommen ehemaliger Gründungsmitglieder, was für das Gemeinschaftsinteresse und die Verbundenheit mit dem Verein zeugt. Und wenn auch die Gartenanlage am Flinger Broich keine öffentliche Grünanlage ist, so ist sie doch ein Teil der grünen Lunge Flingerns.

Freie Schwimmer

Gleich gegenüber, ebenfalls am Flinger Broich, liegt die ↘**Bezirkssportanlage Flingern,** die auch Sportpark Flinger Broich genannt wird. Sie gehört mit Tennisplatz,

Bezirkssportanlage Flingern

Frühling im Allwetterbad

Gymnastikwiese, Kunstrasensportplätzen, dem Paul-Janes-Stadion und dem **Allwetterbad Flingern** zu den größten Sportanlagen in Düsseldorf. Bekannt wurde und seinen Namen erhalten hat das Allwetterbad durch eine überdimensionale, mobile Zeltdachkonstruktion, die wie ein Sonnenschirm aufgespannt und wieder eingeholt werden kann. Im Sommer wird sie bei Regen über das 50 Meter lange Becken gespannt, im Winter bietet sie zusammen mit mobilen Seitenwänden Schutz vor der kalten Jahreszeit. Als das Bad 1994 von der Bädergesellschaft der Stadt Düsseldorf übernommen wurde, war es das einzige Schwimmbad in Deutschland mit einem beheizten Außenschwimmbecken. Das Zeltdach ist mittlerweile in die Jahre gekommen und so marode, dass es nicht mehr aufgespannt wird. Das Allwetterbad, wie es jetzt da steht, sollte am Ende der Sommersaison 2011 Geschichte sein und Platz machen für ein Hallenbad, das auch als Leistungszentrum für die deutschen Schwimmer und als Wettkampfstätte genutzt werden kann. Die tatsächlichen Kosten haben aber die veranschlagten bei Weitem überschritten. Jetzt wird erst einmal neu über eine kleinere Version des Bauvorhabens nachgedacht.

Heute erinnern sich nur noch wenige daran, dass das Allwetterbad früher der **Spiel- und Sportvereinigung Freie Schwimmer Düsseldorf 1910 e.V.** gehörte, einem Verein, der aus der Arbeitersportbewegung gegen Ende des 19. Jahrhunderts nach Aufhebung des Sozialistengesetzes im Wilhelminischen Kaiserreich entstanden ist. Als 1931 das Grundstück Flinger Broich 91 gekauft wurde, um darauf eine Volkssportanlage mit Vereinsheim, Schwimmbad mit Umkleidekabinen, Sportplatz und Tennisplätzen zu errichten, hatte dieser Verein zum ersten Mal einen eigenen Wohnsitz. Geübt wurde zu seiner Gründungseit nämlich im Rhein, denn den Arbeitersportlern war der Zugang zu den städtischen Hallenbädern verboten – die standen nur dem Bürgertum offen. Erst nach dem Ersten Weltkrieg, in der Weimarer Republik, konnten die Schwimmer auch in den Hallenbädern an der Grün- und Münsterstraße Übungsstunden organisieren. In dieser Zeit erweiterte sich der Verein um eine Handball- und Ruderabteilung mit eigenem Bootshaus am Rhein und einen Rettungsschwimmerdienst. 1930 wurde er in *Sportverein Freie Schwimmer Düsseldorf 1910 e.V.* umbenannt. Er war mittlerweile

Das charakteristische Zeltdach

mit 1200 Mitgliedern zu Deutschlands größtem Schwimmverein herangewachsen und hatte neben der Schwimm-, Leichtathletik-, Kriegsbeschädigten-, Jugend- und Ruderabteilung sogar einen eigenen Musikzug. Zwischen 1925 und 1932 wurden die Wasserballer vier Mal Westdeutscher Meister, die Schwimmer errangen zwölf Westdeutsche Meistertitel und mehrere Sportler des Vereins nahmen 1925 in Frankfurt am Main und 1930 in Wien an Arbeiter-Olympiaden teil. Bis 1932 riskierten die Rettungsschwimmer 400 Mal ihr Leben, um Menschen aus dem Rhein zu bergen.

Lange Zeit Freude an dem 1932 fertig gestellten Vereinsgrundstück am Flinger Broich hatten die Freien Schwimmer nicht. Mit der Machtergreifung der Nationalsozialisten wurde 1933 das gesamte Vereinsvermögen beschlagnahmt, das Vereinsarchiv mit sämtlichen Urkunden und Ehrenpreisen verbrannt, das Schwimmbecken zum Schießstand umfunktioniert und der Sportplatz zum Exerzieren benutzt. 1934 wurde der gesamte damalige Vorstand wegen „Gründung bolschewistischer Zellen" verhaftet und 1939 auf der Liegewiese des Schwimmbades eine Flakbatterie mit Bunker errichtet.

Das gleichnamige Restaurant

Es war klar, dass der Verein in den Fokus der neuen Machthaber geraten würde. Als Mitglied im Arbeiter-Schwimmerbund gehörte er zur großen Arbeitersportbewegung, die eng mit der sozialdemokratischen Arbeiterbewegung, der dritten Säule neben SPD und Gewerkschaften, verbunden war und gleichermaßen von SPD und KPD beeinflusst wurde, zwei Parteien, die unter den Nationalsozialisten verboten waren.

Erst nach Ende des Zweiten Weltkriegs konnte sich der Verein neu organisieren. 1946 wurde er vom neuen Vorstand in *Spiel- und Sportvereinigung Freie Schwimmer Düsseldorf 1910 e. V.* umbenannt und das Vereinsgelände mit Sportplatz und eigenem Schwimmbad neu aufgebaut, das nach erneutem Umbau 1976 als Allwetterbad eröffnet wurde. Obwohl die Sportvereinigung auch nach dem Zweiten Weltkrieg viele nationale und internationale Sportmeriten erlangen konnte, geriet sie immer mehr in eine finanzielle Schieflage, was 1994 zur Abgabe des Allwetterbades an die Düsseldorfer Bädergesellschaft führte. Im Gegenzug erlosch eine Steuerschuld von 1,4 Millionen Deutsche Mark. Bis heute ist die *Spiel- und Sportvereinigung Freie Schwimmer Düsseldorf 1910 e. V.* ein Mehrspartenverein mit Sitz am Flinger Broich 91 geblieben, der im gesamten Stadtgebiet Aktivitäten anbietet.

Ring frei

Am Flinger Broich 5 hat sich der ➘**Boxring Düsseldorf 1946 e. V.** niedergelassen. Der Verein ist relativ neu in Flingern, obwohl er bereits seit 1946 besteht. Einer der Gründerväter war Heini Heese, der später als Trainer der berühmten Boxring-Staffel einen legendären Ruf hatte. In seiner aktiven Laufbahn verlor der Leichtgewichtler bei den Amateuren von 428 nur 18 Kämpfe. Anfangs boxte der Verein in der Ritterstraße in der Düsseldorfer Altstadt. Mit Manfred Homberg und Egon Schidan, beide Boxer in der deutschen Nationalstaffel, feierte er seine größten Erfolge. Manfred Homberg gewann die Europameisterschaft 1957, war Olympiateilnehmer 1960 in Rom und Deutscher Meister 1958, 1959 und 1961. Egon Schidan nahm an der Olympiade 1952 in Helsinki teil und war 1951,1952 und 1953 Deutscher Meister. In den Jahren nach 2000 hatten die Brüder Schidan, die Söhne des Boxers Egon Schi-

Fortuna überall: ob in Flingern ...

dan, dann die Vision, eine Halle als Zentrum für den Düsseldorfer Boxring zu errichten. Hierfür wurde ein geeignetes Grundstück gesucht und schnell wurde man fündig. Die Fläche neben dem ehemaligen Fußballplatz der Alemannia 08 erwies sich als ideal: ruhig gelegen, gute Verkehrsanbindung und mit ausreichenden Parkmöglichkeiten bei Boxveranstaltungen. Und so wurde zwischen 2002 und 2003 dann die Frankenheimhalle errichtet. Heute versucht der Boxring Düsseldorf an seine alten Erfolge anzuknüpfen. Trainer Ralf „Printe" Krompaß, der mit über 130 Kämpfen in seiner aktiven Laufbahn ein sehr erfahrener Kämpe ist, baut zurzeit eine schlagkräftige Mannschaft auf. Mit dem Amazonencup, einem Frauenturnier mit weltweit hoher Beachtung, internationalen Städtekämpfen und diversen Turnieren wird in Flingern wieder erstklassiger Boxsport geboten. Wie es mit dem Boxring Düsseldorf im Stadtteil weiter gehen wird, kann zurzeit niemand sagen. Der Verein sollte nach dem Umbau des Allwetterbades mit in das neue Leistungszentrum ziehen. Nachdem die aktuellen Pläne zu den Akten gelegt worden sind, steht auch die Zukunft des Vereins in Flingern auf der Kippe.

95 olé

Auf eins ist Flingern mächtig stolz – und das ist der Traditionsverein **Fortuna Düsseldorf**, der mit vollständigem Namen ↘**Düsseldorfer Turn- und Sportverein Fortuna 1895 e. V.** heißt, ein Fußballverein, der bis heute die Stadt Düsseldorf im Bewusstsein der großen Fußballfangemeinde lebendig hält. Sein Zuhause hat der Verein am östlichen Zipfel von Flingern Nord, am Flinger Broich.

Gegründet wurde er am 5. Mai 1895 als *Turnverein Flingern 1895*. Körperertüchtigung war das Anliegen der Gründer. An Fußball dachte damals keiner. Erst 13 Jahre später, am 1. Mai 1908 entstand der erste Fußballverein, der *Düsseldorfer Fußballklub Spielverein*, und im Mai 1911 wurde der zweite, der *Fußballklub Alemannia 1911*, gegründet, der 1912 in *Fußballklub Fortuna 1911* umbenannt wurde. Namensgeberin war damals nicht die Glücksgöttin, sondern eine Brotfabrik mit Namen Fortuna. 1913 vereinigten sich beide Fußballvereine zum *Düsseldorfer Fußballklub Fortuna 1911*. Unter diesem Namen spielten sie bis 1918 im Westdeutschen Spielverband und in der Kriegs-A-Klasse, der damals höchsten Fußballliga. Erst am 15. November 1919 schloss sich der Fußballverein mit dem *Turnverein Flingern 1895* zusammen und nennt sich seit dem Tag

... oder auf der Größten Kirmes am Rhein

Düsseldorfer Turn- und Sportverein Fortuna 1895. Genau genommen ist unsere heutige Fortuna Düsseldorf also 18 Jahre jünger, als die Jahreszahl im Namen suggeriert.

Erst 1930 erhielten die Fortunen eine eigene Spielstätte am Flinger Broich. Bis zu diesem Zeitpunkt trugen die Fußballer ihre Spiele am Lichtplatz (1908–1919) und an der Vennhauser Allee (1919–1930) aus. Die Stadt Düsseldorf stellte dem Verein eine ehemalige Sumpflandschaft zur Verfügung, die von den Mitgliedern urbar und zu einer Sportstätte mit Rasenspielplatz gemacht wurde. 42 Jahre kämpften die Flinger Fußballer hier um Tore und Punkte, bis sie 1972 ins wesentlich größere Rheinstadion umzogen. Nur noch einmal kehrten sie für ein „kurzes Gastspiel" an ihre Heimatspielstätte, den Flinger Broich, zurück, als das Rheinstadion abgerissen wurde, um einer neuen Multifunktionsarena zu weichen. Ihr altes Stadion war mittlerweile komplett renoviert worden und hieß jetzt **Paul-Janes-Stadion.** 1990 wurde es nach der Vereinslegende Paul Janes benannt, der auf Vereinsebene ausschließlich für Fortuna Düsseldorf spielte und mit 71 Länderspielen bis 1970 Rekord-Nationalspieler war, bis er von Uwe Seeler abgelöst wurde. Die Renovierung gab dem Flinger Broich ein frisches Gesicht. Die Stehplatzränge wurden nahezu neu gebaut, die alte Haupttribüne saniert, der Kabinentrakt neu errichtet und eine neue Flutlichtanlage installiert. Vier Jahre, von 2002 bis 2005, spielte die Fortuna wieder am Flinger Broich, bis sie 2005 endgültig in die heutige ESPRIT-Arena umzog.

Mehr als 100 Jahre Fortuna Düsseldorf sind eine lange Zeit, und leicht gemacht hat der Verein es seinen Fans wahrlich nicht. 14 Mal stiegen die Fortunen ab, 12 Mal wieder auf, eine wahre Achterbahnfahrt. Von himmelhoch jauchzend bis zu Tode betrübt reichte die Skala der Emotionen. Von der Bundesliga bis hinab in die Oberliga und zurück in die zweite Liga mussten die Fans den Verein begleiten.

Die größten Erfolge waren das Erreichen des Europapokalfinales der Pokalsieger 1979, der Gewinn der Deutschen Meisterschaft, zwei DFB-Pokalsiege in Folge (1979 und 1980) und natürlich der Gewinn der Deutschen Meisterschaft 1933. Mit 3:0 bezwangen die Fortunen damals die Schalker im Köln-Müngersdor-

Vereinstreue auf einem Haus in der Ackerstraße

Die Fortunen in der ESPRIT-Arena

Der zwölfte Mann im Team

fer Stadion und holten den Deutschen Meisterschaftspokal nach Düsseldorf. Das war schon etwas und machte die Flinger Jungs unsterblich in den Fußballannalen.

Aber es war nicht nur die Mannschaft, die Sportmeriten errang. 25 Flinger Spieler wurden 240 Mal in eine deutsche Nationalelf berufen und erzielten insgesamt 38 Tore. Der erste war Ernst Albrecht. Zum ersten Mal eingesetzt wurde er im Länderspiel Deutschland gegen die Schweiz. Nein, es war nicht das Wunder von Bern. Albrecht spielte 1928 mit der deutschen Mannschaft in einem Vorbereitungsspiel auf die Olympiade in Amsterdam. Mit 3:2 wurden die Schweizer damals bezwungen. Bei der Olympiade selbst war er auch dabei und noch 16 Mal danach trug er die deutschen Farben in einem Länderspiel.

Das Wunder von Bern war 26 Jahre später und auch da mischten ein, nein, eigentlich zwei Fortunen kräftig mit. Der eine war Torwart Toni Turek, der andere Masseur Erich Deuser. Als die deutsche Nationalelf 1954 Ungarn mit 3:2 bezwang und den Weltmeistertitel errang, da machte der Rundfunkreporter Herbert Zimmermann Toni Turek unsterblich: „Turek, du bist ein Teufelskerl, Turek du bist ein Fußballgott!" Das waren noch Emotionen.

In den Farben Rot und Weiß ...

Heute ist die Fortuna in der zweiten Bundesliga und damit im bezahlten Fußballsport zurück. Und es sieht nicht so aus, als ob sie sich hier wieder vertreiben ließe. Zumindest im Moment nicht. Für die Zukunft bleibt nur zu hoffen, dass eine Achterbahnfahrt wie in der Vergangenheit tatsächlich der Vergangenheit angehört.

Kriminelle Banden

Nördlich vom Flinger Broich verläuft fast parallel der Hellweg, der von schlichten Häuserzeilen aus den 20er- und 30er-Jahren gesäumt wird, die nach dem Ersten Weltkrieg wegen der bestehenden Wohnungsnot errichtet wurden. Ein großer Name für eine Straße. Als Hellweg bezeichnete man im Mittelalter eine große Königs- oder Heeresstraße oder eine wichtige Durchgangsstraße für den Fernhandel, die in der Breite einer Lanzenlänge (etwa drei Meter) von Bewuchs frei gehalten werden musste. Flingerns Hellweg war bereits in früheren Zeiten ein Transport- und Verbindungsweg vom alten Düsseldorf, der heutigen Altstadt, bis hinaus zu den Gerresheimer Höhen.

An der Ecke Daimlerstraße, dort wo die Häuserzeilen beginnen und die Cranachstraße in den Hellweg übergeht, ist auf die freistehende Häuserwand ein überdimensionales Auge gemalt. Es gehört zu den ältesten Wandbildern Düsseldorfs. 1980 wurde es von der Wandmalgruppe Düsseldorf, die heute Farbfieber heißt, auf die Häuserwand gemalt und war als Anspielung auf zu viel staatliche Kontrolle und Überwachung gedacht: „Big brother is watching you." Zwei Mal ist es erneuert und jedes Mal etwas verändert worden. 1995 wollte die Städtische Wohnungsgesellschaft, der die Häuser gehören, nach Renovierungsarbeiten das Bild ganz verschwinden lassen, was aber den Widerstand der Bewohner hervorrief. 2010 stand von Anfang an außer Frage, dass die Künstlergruppe nach der notwendigen Wärmedämmung ein neues Auge auf der Häuserwand gestaltet.

Der Hellweg gilt in Flingern als sozialer Brennpunkt, auch wenn es mittlerweile lange nicht mehr so wild dort zugeht wie in früheren Jahren. Die **Hellwegbanden**, Cliquen junger Leute, waren in den 80er-Jahren bei Düsseldorfs Gastronomen gefürchtet, weil ein Kneipenbesuch nicht selten in handgreiflichen Streitereien endete. Liebe, Eifersucht, Rivalität und Machtgehabe – das ganze Potpourri an Gefühlen wurde im Lokal und auf dem Bürgersteig davor ausgelebt. Die handgreiflichen Auseinandersetzungen mussten dann regelmäßig von der Polizei geschlichtet werden, die nicht selten gleich im Mannschaftswagen erschien, um die Oberhand zu gewinnen und die Streithähne in Gewahrsam zu nehmen.

Bis zu einem Theaterstück hat es eine andere Hellwegbande gebracht. Ihre Geschichte hört sich wie eine moderne Robin-Hood-Saga an, aber so einfach liegt der Fall nicht. Bekannt geworden ist die Bande durch ihre Einbrüche in die Lebensmittellager der britischen Besatzer in Flingern und Umgebung im Jahr 1945. Es herrschte große Hungersnot in Düsseldorf. Jedem Einwohner stand nicht mehr als eine tägliche Lebensmittelzuteilung in Höhe von 867 Kalorien zu. Die Vorratslager enthielten immer genau die Menge an Lebensmitteln, die notwendig war, um eine exakt abgezählte Menschenmenge zu ernähren. Jeder Bezugsberechtigte war nach der Besetzung Düsseldorfs durch amerikanische und britische Truppen in ein Lebensmittelkarten-Bezugsregister aufgenommen worden und nur diese Eingetragenen erhielten eine tägliche Essensration. Nun gab es aber zu der Zeit viele männliche Jugendliche, die gegen Ende des Krieges dem Aufruf der Nationalsozialisten zum Volkssturm nicht gefolgt waren, sondern sich versteckt hatten. Aus Angst vor Strafe ließen sie sich in den Wirren der ersten Besatzungstage nicht registrieren und erhielten darum auch keine Lebensmittelkarten, was die Hungersnot in der Bevölkerung noch einmal vergrößerte. Aus dieser Situation heraus schlossen sich Jugendliche, die überwiegend vom Hellweg und der näheren Umgebung kamen, hungrig, verzweifelt und durch die Kriegseinflüsse enthemmt zu einer Einbrecherbande zusammen.

Das Auge am Hellweg

Ihr Anführer war der 18-jährige Hubert Lange, der sich den Namen Graf Mocca von Tonelli gab. Die Bande hatte einen Lastwagen, ein Maschinengewehr und verschiedene Handfeuerwaffen. Derart gut ausgerüstet konnte sie nach Einbrüchen immer entkommen, weil die deutsche Polizei, die die Lebensmittellager bewachte, lediglich mit Holzknüppeln bewaffnet und nicht motorisiert war. Zwar wusste man, dass die Bande vom Hellweg kam, aber die Bewohner dort versteckten die jugendlichen Täter und gaben keine Information preis – schließlich erhielten sie immer einen Teil der Beute. In dieser Notzeit war sich jeder selbst der Nächste und keiner dachte darüber nach, dass die erbeuteten Lebensmittel an anderer Stelle fehlten und nicht an die registrierten Düsseldorfer verteilt werden konnten. Als zahlreiche Einbrüche schließlich mit Schießereien und Verletzten endeten, schaltete die deutsche Schutzpolizei die britische Militärpolizei ein. Am 17. Dezember 1945 kam es zu einer Großrazzia. 100 Schutzpolizisten, 70 Kriminalbeamte und ein Kommando der britischen Militärpolizei durchkämmten das Gebiet am Hellweg systematisch und nahmen nach wilden Verfolgungsjagden mit Schusswechsel einen Großteil der Bandenmitglieder fest. Der Prozess vor dem britischen Militärgericht am 14. März 1946 endete mit hohen Haftstrafen für die Mitglieder und mit der Todesstrafe für Hubert Lange, die später in 20 Jahre Haft umgewandelt und nach sechs Jahren Haft schließlich aufgehoben wurde. Hubert Lange lebt heute, über achtzigjährig, immer noch in Düsseldorf. Ein anderes Bandenmitglied, mittlerweile verstorben, machte gar Karriere im Düsseldorfer Stadtrat. Es gab aber auch andere, die später immer tiefer in die Kriminalität absanken.

Das Hohenzollern-Gelände

Nördlich vom Hellweg schließt sich das **Märchenland** an, eine Wohnsiedlung, die ihren Namen nach den Straßennamen erhalten hat: Dornröschen-, Aschenputtel-, Rübezahl-, Sterntaler- und Froschkönigweg sind schmale, verkehrsberuhigte Anwohnerstraßen mit kleinen Fußgängerwegen zu den einzelnen Häusern. Entstanden ist die Siedlung nach dem Zweiten Weltkrieg auf einem Gelände, das von mehreren Kleingartenvereinen genutzt wurde. Sie wird im Osten von der Eisenbahnlinie in süd-nördlicher Richtung begrenzt und läuft auf ein Industriegelände zu, auf dem in der Vergangenheit die Hohenzollern AG ihr Fabrikgelände hatte und später die Rheinmetall-Borsig AG eine Außenstelle des Konzentrationslagers Buchenwald unterhielt. Heute wird das Gelände zum größten Teil von der Metro AG und Bürogebäuden in Anspruch genommen.

Als 1872 die Aktiengesellschaft für Lokomotivbau Hohenzollern gegründet wurde und 1873 ihr Werk dort fertigstellte, wurden anfangs keine Lokomotiven, sondern Eismaschinen, Dampfstraßenwalzen und Einrichtungen für Zuckerfabriken hergestellt. Die Verstaatlichung großer Eisenbahngesellschaften und die Wirtschaftskrise 1873 führten zu einem Überhang an Lokomotiven, sodass die Hohenzollern AG keine Aufträge in diesem Segment abschließen konnte. Erst 1874 wurde die erste Lok ausgeliefert und die Produktion in den Folgejahren gesteigert. 4665 Lokomotiven stellte der Konzern insgesamt her. In der Blütezeit arbeiteten 1600 Mitarbeiter in der Fabrik. 1928 waren es dann nur noch 800. 1929 schloss die Hohenzollern AG in Flingern ihr Werk wegen fehlender Aufträge. Die Produktion von Lokomotiven ging an Krupp in Essen. Offiziell aufgelöst wurde sie aber erst am 15. Mai 1934. An ihrer Statt entstand an

Hohenzollern-Werksgebäude

Neumannstraße

gleicher Stelle ab 1943 das Außenlager Berta, das zum Konzentrationslager Buchenwald gehörte. In ihm waren die Zwangsarbeiter der Rheinmetall-Borsig AG untergebracht. Bis zu 800 Gefangene hielten sich hier bis Kriegsende auf. Rheinmetall, ein Rüstungskonzern mit Sitz in Düsseldorf, erwarb 1933 die illiquide August Borsig GmbH, einen der bedeutendsten Lokomotivhersteller in Deutschland mit Sitz in Berlin. Beide fusionierten 1936 zur Rheinmetall-Borsig AG, die im Auftrag des damaligen Reichskriegsministeriums Maschinengewehre und Kanonen, Panzerabwehrgeschütze, Minenwerfer, Feldkanonen, Flugabwehrkanonen und Eisenbahngeschütze herstellte. Ab 1939 unterlag die Rüstungsproduktion der Kontrolle der Wehrmacht und 1941 ging die Aktienmehrheit der Rheinmetall-Borsig AG in den Besitz des Staatsunternehmens Reichswerke Aktiengesellschaft für Erzbergbau und Eisenhütten Hermann Göring über. Zahlreiche Übergriffe und Morde im Flinger Lager Berta durch die SS-Bewacher sind dokumentiert. Anfang 1945, als amerikanische Truppen in Oberkassel standen, mussten die Überlebenden zu Fuß in das Stammlager Buchenwald zurückkehren.

Am besten lässt sich Flingern zu Fuß erkunden

Der östlichste Teil von Flingern Nord ist ähnlich wie Flingern Süd von großen ehemaligen Industrieflächen geprägt, die entweder schon wieder neu bebaut oder als Brachland jetzt neuen Bestimmungen zugeführt werden sollen. Auf dem verbleibenden Teil des ehemaligen Hohenzollern-Geländes werden in den nächsten Jahren Büro- und Wohnkomplexe errichtet. Mitten im urbanen Getriebe ist die Neumannstraße heute die Straße in Flingern, die Alt und Neu, Weiterentwicklung und Stillstand derzeit am deutlichsten vermittelt: auf der einen Seite Neubauten mit anschließenden ehemaligen Fabrikhallen, auf der anderen Seite das 1872 erbaute, denkmalgeschützte Hohenzollern-Werksgebäude, gefolgt von Schotter- und wild wachsenden Grünflächen, der alte Asphaltbelag der Straße, die in einem grünen Dickicht verschwinden, zerschnitten von stillgelegten Schienensträngen.

Spaziergang durch die Geschichte

Je näher man der Dorotheenstraße und ihren umliegenden und sie kreuzenden Straßen wie Flur-, Hoffeld-, Linden-, Acker-, Hermann- und Birkenstraße kommt, je näher kommt man dem Teil Flingern Nord, dem es nach Industrialisierung und nachfolgendem Niedergang gelang, aus einem Arbeiter- und Handwerkerviertel ein Zentrum zu schaffen, das dem Stadtteil Gesicht und Profil gibt und heute als Düsseldorfs Szeneviertel bekannt ist. Viele Häuser und Gebäude dokumentieren die Entwicklung aus der ehemaligen Dorfschaft Flingern zu einem urbanen Teil der Stadt Düsseldorf und die Bemühungen kirchlicher Organisationen und ehemaliger Stadtväter, der damaligen Entwicklung Rechnung zu tragen. Wer heute durch diesen Teil Flingerns geht, sollte nicht nur auf die umliegenden Geschäfte, Ateliers und Galerien achten, sondern auch als „Hans-guck-in-die-Luft" Häuser und Fassaden betrachten, die mit Säulen, Reliefs und mystischen Fabelwesen verziert den Gebäuden Herz und Seele eingehaucht haben.

Die **Birkenstraße**, Flingerns ehemalige Kö, wurde um die Wende zum 20. Jahrhundert gebaut. Mit

Mit Kind und Kegel in der Lindenstraße

breiten Bürgersteigen und einer schmalen Fahrbahn mit Straßenbahngleisen war sie damals geplant worden. Doch schnell stellte sich heraus, dass die Straße einem rasch ansteigenden Verkehrsaufkommen nicht gewachsen war. Bereits 1952 wurde sie umgebaut, die Bürgersteige verkleinert, die Straßenführung vergrößert und die gesamte Gleisstrecke einschließlich Kabelnetz und Beleuchtung ausgewechselt. Diesen Umbau schrieb sich damals der 1927 gegründete ↘ **Bürger- und Heimatverein** auf die Fahnen, der lange im Düsseldorfer Stadtrat darauf insistiert hatte. Heute, 60 Jahre später, wird die Birkenstraße wieder umgebaut. Breitere Bürgersteige wie zu Beginn und eine neue Straßenbeleuchtung sollen ihr neuen Glanz und alten Stellenwert zurückgeben. An der Birkenstraße liegen noch viele schöne, alte Häuser, die zum größten Teil in den letzten Jahren renoviert wurden. Um sie zu entdecken, muss man bei einigen allerdings den Kopf in den Nacken legen, denn moderne Schaufenster und Reklameschilder wurden ohne Rücksicht auf den Charakter der alten Häuser eingesetzt und aufgeschraubt. Hausnummer 115, 117 und 119 stammen aus dem Jahr 1902 und sind Denkmäler des Siedlungsbaus im Jugendstil. Der **Hermannplatz** zwischen Platanen-, Hermann- und Lindenstraße ist das Herzstück von Flingern Nord. Seine Entstehung und Geschichte liegen im Dunkeln: Unterlagen und Bilder sind verloren gegangen. Bekannt ist nur noch, dass ihn am 15. Mai 1940 eine der ersten Bomben auf Düsseldorf traf. Die Splitter liegen immer noch unter dem aufgeschütteten Erdreich. Zu Beginn der 80er-Jahre war der Hermannplatz Anlaufstelle für Kinder von fünf bis 15. Er hatte damals einen Wasserspielplatz und Spielgeräte, die sich auch für größere Kinder eigneten. Mütter, die mit ihren Kindern den Platz besuchten, kümmerten sich auch um die Kinder, die ohne Eltern kamen – und davon gab es in Flingern viele. Streitigkeiten wurden geschlichtet, Tränen getrocknet, jeder kannte jeden und einmal im Monat, an einem Samstag, brachten die Mütter Kaffee und Kuchen und ihre Männer mit. Dann wurde das Backwerk an alle verteilt, Spiele und Wettkämpfe mit kleinen Preisen organisiert und manchmal kam auch das Spielmobil des Jugendamts dazu. Nachbarschaftlich ging es damals zu, und das völlig selbstverständ-

Markt auf dem Hermannplatz

Die Birkenstraße

Spielplatz auf dem Hermannplatz

lich. 2008 ist der Platz gemeinsam mit den Kindern des Kinderspielhauses neu gestaltet worden. Sie haben die lange Betonschlange, die Begrenzung des Sandkastens, mit Mosaiken verziert. Heute ist der Hermannplatz von allen Seiten gut einsehbar. Der eine Teil ist Spielplatz für Kinder bis fünf Jahre und Treffpunkt junger Familien, der andere Teil Fläche für den samstäglichen Markt. Die älteren Kinder müssen sich einen neuen Treffpunkt suchen.

In der Lindenstraße 128–130 liegt Flingerns ehemalige Volksschule. Sie wurde 1905 erbaut und war die erste Schule für ganz Flingern. Heute hat im Erdgeschoss das Gesundheitsamt seine Büros, während die oberen Etagen zu Wohnungen umgestaltet wurden. Lässt man den Blick nach oben schweifen, sieht man im Giebel ein großes Relief. Es zeigt nackte Menschen, Erwachsene und Kinder, die von Wasser übergossen werden oder sich gerade abtrocknen, ein Hinweis darauf, dass die Schule nicht nur als Bildungsstätte gebaut wurde, sondern gleichzeitig auch Brause- und Wannenbäder für die arme Bevölkerung bereithielt, die häufig nicht einmal fließend Wasser zur Verfügung hatte. „Jedem Deutschen ein wöchentliches Bad." Unter diesem Motto entwickelte sich in Deutschland eine Bewegung, die 1842 ihren Ursprung im englischen Liverpool hatte und sich von dort über Europa ausbreitete. Die Idee war, den „unbemittelten Volksklassen die Wohlthat gesundheitsfördernder Reinigungsbäder" zu gewähren, so steht es in Meyers Konversationslexikon von 1888. Ein Brausebad kostete damals zehn Pfennig. An der Kreuzung Linden-/Dorotheenstraße liegt eine dunkle, beinahe abweisende Häuserzeile. Es ist die u-förmig an Dorotheen-, Linden- und Degerstraße angelegte Siedlungsanlage **Eulerhof**, die heute unter Denkmalschutz steht. Zum Zeitpunkt ihrer Erbauung Ende 1920 galt sie als einzigartig fortschrittlich und wegweisend und bot Platz für 220 Kleinwohnungen. Was die Anlage für die damalige Zeit so modern machte, waren ihre technischen Einrichtungen. Jede Wohnung verfügte über eine Zentralheizung und ein eigenes WC. Im baumbestandenen Innenhof, wo die Kinder spielen konnten und die Erwachsenen

Sonniges Plätzchen in der Lindenstraße

Wegkreuz, Lindenstraße 216

Relief an der ehemaligen Volksschule

sich im Grünen auf einen Plausch trafen, lag eine Zentralwäscherei, in der jede Mietpartei ihre Wäsche in den großen Maschinen waschen, trocknen und mangeln konnte. Für den reibungslosen Ablauf sorgte eigens dafür angestelltes Personal. Gleich neben der Wäscherei lag die zentrale Badeanstalt mit 14 Wannen-, zwölf Brausebädern und 16 Kinderbrausen. Männer und Frauen duschten streng getrennt. Für heutige Verhältnisse mag sich das sehr abenteuerlich anhören, aber für damalige Verhältnisse war das ausgesprochen modern. In anderen Mietshäusern gab es für jede Etage eine Gemeinschaftstoilette, und gebadet wurde – wenn überhaupt – samstags in der Zinnbadewanne, die hervorgeholt und in der Küche aufgestellt wurde. Oder man ging in ein öffentliches Volksbad wie das in der ehemaligen Volksschule Flingern. Der Innenhof, der durch die Toreinfahrt von der Lindenstraße aus zu erreichen ist, ist nicht mehr so erhalten wie zu Beginn. Die modernen Zeiten haben ihren Tribut gefordert. Heute stehen hier Garagen. Von außen wirkt die Anlage streng und monumental. Wer sich aber näher darauf einlässt, wird von der geraden Linienführung gefangen genommen. Jedes Fenster gleicht dem anderen. Putzbänder, Streifen mit verputztem Mauerwerk, zwischen Fensterbänken und Fensterstürzen unterstreichen noch einmal die horizontale Linienführung, vorgesetzte Treppenhäuser die vertikale.

An der Lindenstraße 216/Ecke Hoffeldstraße wird so mancher schon vorbei gegangen sein und sich gefragt haben, was das Kreuz, das Marienbild und all die Inschriften an der Hausfassade zu bedeuten haben. Als an dieser Stelle ein Wohnhaus errichtet wurde, musste sich der Eigentümer verpflichten, das Wegkreuz zu integrieren, das dort seit 1906 stand. Es erinnert an einen Mann, der hier von einem Blitz erschlagen wurde. Alle anderen Ausschmückungen wurden nachträglich hinzugefügt.

Die **Liebfrauenkirche**, eine neugotische Hallenkirche, liegt an der Degerstraße. Sie wurde 1892 eingeweiht und ist Flingerns erste Kirche. Weithin leuchten die gelben Ziegel ihrer Außenmauern. Im Zweiten Weltkrieg wurde sie weitgehend zerstört, aber bereits ab 1947 wieder aufgebaut und in den folgenden Jahrzehnten erneuert und umgestaltet. In den 50er-Jahren wurde der Turm auf

Die Liebfrauenkirche

Klapperstörche an der Flurklinik

60 Meter verkürzt und Geläut und Orgel ausgetauscht. In den 60er-Jahren erhielt der Altarbereich einen freien Umlauf und die Wand über den Öffnungen zum Chorgang einen fünfteiligen Fries mit der Darstellung des Marienlebens. Die Kreienbrink-Orgel aus der ehemaligen Pfarrkirche St. Vinzenz wurde Anfang 2000 nach Überarbeitung und farblicher Gestaltung statt auf der Empore links neben dem Altarraum aufgestellt, eine sehr gelungene und außergewöhnliche Komposition.

Das Liebfrauenkrankenhaus an der Degerstraße 59, das aus dem Liebfrauenkloster der Franziskanerinnen von der Heiligen Familie hervorging, ist heute nicht mehr erhalten. Es wurde im Jahr 1929 erbaut, aber bereits 60 Jahre später wieder abgerissen. Es war Flingerns erstes Krankenhaus. An seiner Stelle steht hier das Seniorenwohnheim Liebfrauen – Betreutes Wohnen.

Schräg gegenüber liegt die denkmalgeschützte **Flurklinik**. Errichtet wurde sie zwischen 1908 und 1910 von dem Verein Wöchnerinnen-Asyl. Es war Flingerns erstes

Hier lohnt sich der Blick nach oben

Geburtskrankenhaus, in dem Frauen Unterschlupf fanden, um in Ruhe ihre Kinder zur Welt zu bringen und sich von den Strapazen der Geburt zu erholen. Heute ist das kaum vorstellbar, aber damals bekamen Frauen aus den unteren Gesellschaftsschichten ihre Kinder unter denkbar schlechtesten hygienischen Bedingungen, umgeben von zahlreichen Familienangehörigen in engsten Wohnverhältnissen. Bereits kurz nach der Geburt mussten sie wieder arbeiten und ihre Familien versorgen.

Die Flurklinik ist mittlerweile an den Schweizer Investor Wohnfabrik verkauft worden, der den Innenraum in Eigentumswohnungen und Lofts aufgeteilt hat. Und auch hier heißt es: Augen aufwärts! Im oberen Teil des vorgewölbten Rundbaus weist ein Relief auf die ehemalige Bestimmung des Gebäudes hin: Ein Klapperstorch hat gerade ein Baby in einen Korb gelegt, während andere Störche darum herum stehen und ernst auf das Neugeborene blicken. Früher erhielten Kinder immer auf die Frage, wann sie denn endlich ein Geschwisterchen bekämen, von den Eltern die Antwort: „Du musst Zucker auf die Fensterbank streuen. Wenn ein Storch ihn findet, wird er dir zum Dank ein Schwesterchen oder Brüderchen bringen."

Im Dreieck Flur-, Licht- und Hoffeldstraße liegt der **Karl-Wagner-Platz**, benannt nach dem Düsseldorfer Ratsherrn und Begründer der ➘**Bürgerinitiative Flingern e. V.** Auf dem kleinen Platz steht die Bronzeskulptur der Düsseldorfer Künstlerin Hannelore Köhler *Mutter mit Kind*. So mancher, der sie sieht, fragt sich sicher, was sie bedeuten soll. Entstanden ist die Skulptur 1985 während einer deutsch-russischen Künstlerbegegnung im damaligen Leningrad. Das Original aus weißem Marmor aus dem Ural steht nach wie vor im heutigen St. Petersburg. Die Skulptur auf dem Karl-Wagner-Platz ist der erste Abguss. Mutter und Kind symbolisieren den so empfindlichen und leicht zu störenden Frieden und die Annäherung von Ost und West, die es zu beschützen galt. Dass sie heute auf dem Karl-Wagner-Platz steht, ist dem besonderen Engagement des damaligen Bezirksvorstehers Dr. Volkhard Heinrich und 18 weiteren Bezirksvertretern zu verdanken, die wochenlang bei den Bürgern von Flingern und Düsseltal, bei Vereinen und Firmen und der Stadtsparkasse Düsseldorf Geldspenden sammelten. Aber nicht zuletzt war es das großzügige Entgegenkommen der Künstlerin, das es ermöglichte, die Skulptur im Frühjahr 1989 – kurz vor dem Fall der Mauer – auf dem neu angelegten Platz aufzustellen.

Nicht weit vom Karl-Wagner-Platz entfernt, an der Flurstraße 57, steht die 1890 gebaute und denkmalgeschützte **Klosteranlage** der Ordensgenossenschaft der Töchter vom Heiligen Kreuz mit einem der ersten Kindergärten Düsseldorfs und dem ältesten Kindergarten in Flingern. Die Klosteranlage wurde 2006 ebenfalls an die Wohnfabrik verkauft und die ehemaligen Klosterzellen und Gemeinschaftsräume in großzügige Räumlichkeiten für eine betuchte Klientel umgebaut. Der Kindergarten erhielt auf 600 Quadratmetern Bestandsschutz.

Mutter mit Kind *auf dem Karl-Wagner-Platz*

HIER IST IMMER WAS LOS

FLINGERN SÜD

Tanz, Show und Kultur

Flingern Süd ist die Heimat der großen Veranstaltungshäuser, die sich allesamt in alten Industriegebäuden niedergelassen haben: Capitol Theater, tanzhaus nrw, zakk. ➘**zakk**, das ist die Kurzform des Namens Zentrum für Aktion, Kommunikation und Kultur. Eine Alternative zum Kulturbetrieb des Establishments wollte es bei seiner Gründung 1977 sein und eine Begegnungsstätte für Gleichgesinnte. Seinen Sitz hat es in einer ehemaligen Flinger Nagelfabrik in der Fichtenstraße 40. Alternativ ist das Zentrum bis heute geblieben, auch wenn es sich veränderten Zeiten beugen musste. Integration und tolerantes Miteinander von Kulturen und Gruppen sind wichtige Themen für die Macher des zakk. Sie bieten Kurse und Workshops für alle an, damit persönliche Ziele in Wort und Schrift artikuliert werden können. Kunst und Kultur sind hier immer auch politisch ausgerichtet. Hier treffen sich Erwerbslose zum gemeinsamen Frühstück, Senioren, die das Internet kennenlernen möchten, angehende Literaten, die Kreativkurse besuchen, hier treten Rockbands, Schriftsteller und Kabarettisten auf. Hier wird getanzt, geschwoft, gepogt.

Wer zum Beispiel unter die Literaten gehen möchte, um seine Fantasien, Wünsche und Ideen mit anderen zu teilen, der kann im zakk die Textwerkstatt besuchen, in der Autoren in circa zweimonatigen Kursen Tipps, Techniken und Fertigkeiten vermitteln.

Der Kulturrucksack richtet sich an Schulen und ist ein Projekt, das sich über ein ganzes Schuljahr erstreckt. Die Schüler lernen nicht nur, ihre Ideen in verschiedene Textsorten zu formen, sondern auch, sie im Poetry Slam vorzutragen. Bei diesem Dichterwettstreit präsentieren die Teilnehmer mit Schnelligkeit und Rhythmus ihre eigenen Texte und werden vom

Publikum bewertet. Seit 1997 gibt es die Poesieschlacht-punkt-acht, in der einmal im Monat bekannte und unbekannte Autoren innerhalb von fünf Minuten ihre Texte vortragen und um Preise und öffentliche Aufmerksamkeit kämpfen.

Am anderen Ende von Flingern Süd, in einem Teil des ältesten Straßenbahndepots Düsseldorfs, Erkrather Straße 30, ist seit 1996 das ➘**Capitol Theater** beheimatet. Es gehört zur Unternehmensgruppe *Mehr! Entertainment,* zu der u. a. auch der Musical Dome in Köln und das Starlight Express-Theater in Bochum gehören. Mit rund 1500 Plätzen ist es Düsseldorfs größtes Theater. Hier werden Musicals und Shows gezeigt. *Miami Nights* und *Das Mädchen Rosemarie* feierten im Capitol Weltpremiere, *Saturday Night Fever* wurde hier neu inszeniert und so erfolgreiche Produktionen wie *Cats, Elisabeth* und *Grease* waren auf dieser Bühne zu Hause. Ab Winter 2011 wird Hape Kerkelings *Kein Pardon – Das Musical* auf dem Spielplan stehen. Neben

Das Capitol Theater ...

... und das zakk von außen

Im Club des Capitols

dem großen Theatersaal stehen der Club, das untere und obere Foyer und der Wintergarten für private Feiern, große Firmenveranstaltungen und Partys zur Verfügung. In Zusammenarbeit mit den Spezialisten der *Mehr! Entertainment* lassen sich hier Events für 20 bis 1750 Gäste umsetzen. „Entertainment at its best" lautet eben das Motto des Capitols.

Das ➘**tanzhaus nrw** ist Deutschlands einziges Tanzhaus und nimmt allein deshalb eine einzigartige Stellung in der Kulturlandschaft Flingerns ein. Es liegt gleich nebenan, im alten Straßenbahndepot in der Erkrather Straße 30, und verfügt über 4000 Quadratmeter. Alles begann 1973, als das Projekt Werkstatt aus der Taufe gehoben und in der Grafenberger Allee 330 in Flingern Nord umgesetzt wurde. Werkstatt, das war ein Verein, gegründet und selbst verwaltet von Künstlern, die Kurse und Workshops für Laien gaben, Künstlern als Dozenten, die Interessierte in der Kunst gestalterischer Möglichkeiten unterrichteten. Das hob nicht nur Berührungsängste auf, das war 1973

Das tanzhaus nrw genießt internationalen Ruf

auch neu. Aber wie das immer so ist mit neuen, alternativen Ideen: Sie müssen wachsen und in der Realität bestehen.

1977 geriet die Werkstatt in finanziell existentielle und organisatorische Schwierigkeiten. Wichtige Mitarbeiter und Dozenten gingen fort. Das Projekt endete Oktober 1977. An seine Stelle trat der gemeinnützige Verein *Die Werkstatt für Tanz, Theater, Malen, Werken und Gestalten.* Nach wie vor wurden die anfänglichen Ziele beibehalten: Künstler als Lehrer, unmittelbare Begegnung von Künstlern und Bürgern, Förderung von Kreativität und schöpferischer Persönlichkeiten, Kennenlernen unterschiedlichster Kulturen der Welt. Mitte 1978 geriet die Werkstatt durch ein breitgefächertes Programm mit internationalen Theatergruppen in den Fokus der Öffentlichkeit. Aber bereits 1980 drohte neues Ungemach. Das ehemalige Industriegebäude an der Grafenberger Allee wurde abgerissen. Der Verein stand buchstäblich auf der Straße. Erst im April 1982 ging der Betrieb weiter, nachdem in der Börnestraße 10 neue Räumlichkeiten gefunden worden waren. 15 Jahre lang blieb die Werkstatt hier und entwickelte sich zu einer überregionalen, multikulturellen Begegnungsstätte in Nordrhein-Westfalen. Die Rheinische Post nannte es sogar das „Mekka der Kultur abseits von Opernhaus und Museen". Hier fand das erste Flamenco- und das erste Orientale-Festival statt und hier wurde auch das European Dance Development Center (EDDC) als Kooperation der Hochschule der Künste und der Werkstatt gegründet. 1995 wurde der Mietvertrag an der Börnestraße wegen überzogener Mietvorstellungen nicht mehr verlängert. Der Verein kehrte nach Flingern zurück und zog mit einem 60-jährigen Erbpachtvertrag im Rücken in einen Teil des ehemaligen Straßenbahndepots an der Erkrather Straße. Mit dem Umzug änderte sich auch der Name. Die Werkstatt hieß jetzt *tanzhaus nrw – die werkstatt e.V.* Der neue Name wies bereits auf die neue Ausrichtung hin. Das vielfältige Werkstattprojekt mit allen Kunstsparten wurde aufgegeben und stattdessen die Konzentration auf den Tanz gelegt. Als Gastgeber europäischer Festivals machte es sich im Lauf der Jahre einen Namen. Internationale Tanzkompanien und Künstler traten und treten auf den Bühnen des tanzhaus nrw auf und als Partner anderer euro-

päischer Tanzhäuser ist es bis heute an einer Vielzahl von Produktionen beteiligt. 2003 war es für das künstlerische Programm des Festivals Global Dance – aesthetics of diversity verantwortlich, zu dem 36 internationale Tanzkompanien und 150 Tanzfachleute nach Düsseldorf kamen, 2004 und 2008 war es Veranstaltungspartner des Internationalen Tanzfestivals unter Leitung von Pina Bausch.
2007 folgte die nächste und letzte Namensänderung. Das *tanzhaus nrw – die werkstatt e. V.* verkürzte sich zum *tanzhaus nrw*. Jetzt erinnert nichts mehr im Namen an die Anfänge. Geblieben aber ist die Idee, sowohl Theater als auch Schule zu sein. Nach wie vor gibt es Kurse für Kinder, Jugendliche und Erwachsene in afrikanischem, indischem und orientalischem Tanz ebenso wie Unterricht in Stepp-Tanz, Tango Argentino, Salsa, Jazz Dance, klassischem Ballett, Modern Dance und HipHop. 80 Tanzlehrer aus 40 Ländern lehren in acht Studios und mehr als 200 Gastauftritte jährlich beleben die Bühnen.

Kein anderer Düsseldorfer Stadtteil hat gleich drei so große Veranstaltungshäuser und zieht mit den Besuchern so viele Gäste nach Flingern. Trotzdem tragen die Häuser kaum zur Identität des Viertels bei. Weder die Anwohner noch die Besucher verbinden die Veranstaltungsorte unmittelbar mit dem Stadtteil, obwohl gerade die Flinger Bürger stolz auf ihr tanzhaus nrw, das zakk und das Capitol Theater sind. Ursache für die geringe Bindung sind vielbefahrene Hauptverkehrsachsen wie Kettwiger und Erkrather Straße, die Flingern Süd in fast endlose Straßenzüge zergliedern, ohne verbindende Geschäfte und Einkaufszentren.

FLINGERN NORD

Kunst vor Ort

Anders hingegen sieht es in Flingern Nord aus. Der Stadtteil wird zwar von der Dorotheenstraße, einer vielbefahrenen Durchgangsstraße, in einen östlichen und einen westlichen Teil gegliedert, aber zwischen Grafenberger Allee, Birken-, Flur- und Hoffeldstraße ist mittlerweile wieder ein kleinzelliges Einkaufsviertel entstanden, in dem sich Geschäft an Geschäft reiht, unterbrochen von Galerien und Gastronomiebetrieben.
Zwischen 2007 und 2010 ist Flingern Nord auch ein Viertel der Galeristen geworden. Künstler und

Galerien gab es hier zwar immer schon, weil moderate Mietpreise für die ehemaligen großen, hellen Gewerberäume in die Hinterhöfe lockten. Doch wurden eher Objekte lokaler Künstler ausgestellt oder die Galeriebesitzer zeigten ihre eigenen Werke. Nun kommen plötzlich große, in Deutschland und zum Teil weltweit bekannte Galeristen hinzu, die sich überwiegend an den Straßen und in den Hinterhöfen rund um den Hermannplatz angesiedelt haben.

Die Galerie ➘**Konrad Fischer** gehört zu den Alteingesessenen. Seit 1992 liegt sie in einem Hinterhof der Platanenstraße 7. Sie zählt zu den weltweit einflussreichsten Galerien, wenn es um Künstler des Minimalismus und der Konzeptkunst geht.

➘**Schönewald Fine Arts** hat seine Räume in einer ehemaligen hydraulischen Fabrik in der Lindenstraße 182. Zu sehen gibt es dort regelmäßig wechselnde Ausstellungen mit Werken, die vor allem das Kunstgeschehen der 60er- und 70er-Jahre in Deutschland und Amerika widerspiegeln.

Die Galerie ➘**Conrads** liegt gleich gegenüber in der ehemaligen Flinger Post in der Lindenstraße 167, etwas weiter in der Hermannstraße 36/Ecke Lindenstraße befindet sich die Galerie ➘**Ruth Leuchter**.

Blick auf die Galerie Ruth Leuchter

➘**Petra Rinck** hat ihre Galerie in der Ackerstraße 199 als eine Weiterentwicklung des Künstlerprojekts SITE angelegt, deren Mitbegründerin sie ist. Außerdem gibt es noch ➘**Cosar HMT** in der Flurstraße 57 und ➘**VAN HORN** in der Ackerstraße 99.

Eine derartige Ansammlung großer Galerien hat natürlich ihre Vorteile, denn wer „in Sachen Kunst" unterwegs ist, der kann sich auf kurzen Wegen einen Überblick über die aktuellen Angebote verschaffen. Und auch die Galeristen haben sich mittlerweile zusammengeschlossen, um einmal im Jahr Ende Januar zu einer gemeinsamen Ausstellungseröffnung nach Flingern einzuladen. Und wenn auch so manches Kunstobjekt für den Normalsterblichen unerschwinglich ist, so bietet ein Galerierundgang einen Einblick in die aktuelle Kunstszene und mehr Kurzweil als ein Museumsbesuch, denn open air und indoor wechseln sich ab und lassen die Konzentration auf die Werke verschiedenster neuzeitlicher Künstler nicht erlahmen.

Aber wer will „seine" Bilder nur in Galerien finden? Da wird man den einen oder anderen Künstler erst gar nicht kennenlernen oder seine Werke vielleicht später teurer bezahlen.

Neben den Galerien stehen auch die Ateliers der in Flingern ansässigen Künstler den Besuchern of-

Die Galerie Petra Rinck

fen. Vincent van Gogh wäre sicherlich glücklich gewesen, wenn zu seinen Lebzeiten Besucher die Bilder direkt in seinem Atelier erworben hätten. Stattdessen hat sie die internationale Kunstindustrie Jahrzehnte später, nach seinem Tod vermarktet. In Flingern können Besucher ihrem Künstler bei der Arbeit im Atelier zusehen und ihr bevorzugtes Objekt dort selbst entdecken und gleich nach Hause tragen.

Christoph Wanner-Krause hat sein Wohnatelier bereits seit 1965 in Flingern in der Ackerstraße 123. Arbeiten und wohnen in denselben Räumen, umgeben von seinen aktuellen Werken, ist für Christoph Wanner-Krause etwas Selbstverständliches. Dass zu der Veranstaltung Kunstpunkte über 300 Interessierte durch seine Wohnräume pilgern und auch an anderen Tagen des Jahres die Atelierwohnung ein öffentlicher Raum ist, stört ihn nicht. Das gehört dazu: „Den Künstler streift man auch nicht an der Wohnungstür ab, um dann Privatperson zu sein. Künstler ist man 24 Stunden 365 Tage im Jahr." Seit 50 Jahren ist Christoph Wanner-Krause als Maler, Zeichner und Bildhauer tätig. Als Auftragsarbeiten entstehen auch Porträts – für den Künstler immer wieder eine Herausforderung. Denn es geht ihm nicht nur um eine wirklichkeitsgetreue Abbildung der Porträtierten, sondern auch um die Darstellung ihrer Beziehung zur Welt, die sich im Ausdruck ihrer Gesichter und der Körperhaltung widerspiegelt. Diese Bilder sind nicht nur für ihre jeweiligen Auftraggeber interessant. Für den fremden Betrachter sind sie personifizierte Welteinstellungen und Formen der Lebensbewältigung.

Christoph Wanner-Krause bei der Arbeit

Ebenfalls in der Ackerstraße 125

Kristin Dembny

hat **Kristin Dembny** ihr Wohnatelier. Einige ihrer Bilder knüpfen an die Plakatkunst vergangener Zeiten an. Expressiv, Filmplakaten gleich, erscheinen ihre Bilder aus dem Werkzyklus *Frida – Viva la Vida* im Klischee der Operette oder Revue. Wer ein Bild von Kristin Dembny sein Eigen nennt, der weiß, dass es einen Raum bewohnt, ihn besitzt. Es sind keine Bilder, an die sich das Auge gewöhnt, sie rücken nie in den Hintergrund. Dembnys Bilder sind stets präsent. Sie treten von der Wand in den Raum und teilen ihn mit den Bewohnern. „Wenn ich so ein Bild bei mir aufhinge, dann fühlte ich mich ständig beobachtet", sagte einmal ein Besucher in ihrem Atelier. „Tja, das sind starke Bilder für starke Menschen", war die Antwort der Künstlerin.

Besucher des Ateliers im zweiten Hinterhof der Ackerstraße 144 werden von **Felicitas Lensing-Hebben** mit einem Gongschlag begrüßt, der noch lange im Körper nachhallt. Im Hintergrund spielt leise, klassische Musik. Der erste Raum wird von einem langen Holztisch in der Mitte dominiert, auf dem Kleinplastiken der Künstlerin liegen, der aber auch Platz für eine Gesprächsrunde bei Kaffee oder Tee bietet. An den Wänden hängen oder lehnen ihre Bilder. Im zweiten Raum stehen der Ofen, in dem sie ihre Tonerdearbeiten brennt, und ihre großen Stelen. Hier hängt auch der Gong, mit dem sie ihre Besucher begrüßt.

Ihre Skulpturen überragen den Betrachter. Aus Erde von der Erde streben sie himmelwärts. Es sind keine Figuren aus einem Guss. Jede besteht aus acht Elementen, die in der Mitte gehalten und übereinander gesetzt werden. Jedes ist gepresst, geschlagen, geformt und geprägt von Runen, Linien, Bildern – eigene Schriftzeichen, Lebensabschnitten gleich, in denen das Dasein seine Spuren hinterlassen hat. Die Skulpturen der Künstlerin werden nicht nur als Tonerdearbeiten von Kunstsammlern im In- und Ausland gekauft, sondern auch als Bronzeguss in Auftrag gegeben.

Christophe Emmanuel Bouchet hat sein Atelier Verrückte Liebe in einem Hinterhof der Ackerstraße 143. Er selbst bezeichnet sich als Weltenbürger. In Deutschland bekannt geworden ist er durch seine Bilder auf der Berliner Mauer. Mit Pinsel, Roller und Fassadenfarbe bemalte er sie und durchbohrte sie mit dem Presslufthammer. Seine surrealistischen Bilder zwischen Pop- und Streetart haben ein zentrales Thema: „Wir gehören doch alle zusammen." Mit kräftigen Farben in Öl oder Acryl und einem schnellen Pinselstrich verströmen sie gute Laune, immer mit einem ironischen Augenzwinkern, und sind dadurch ganz unverwechselbar. Sein großes Atelier ist Arbeitsplatz, Ausstellungs- und Veranstaltungsraum, wenn er zu seinen Atelierpartys einlädt.

Christophe Emmanuel Bouchet: Atelier Verrückte Liebe

Seit 1989 lebt ➘**Martina Etienne** in Flingern, seit 2002 hat sie ihr Atelier in der Ackerstraße 201. „Ich zeichne, also bin ich. Zeichnen ist die Technik, die zu mir gehört, in der ich mich am besten ausdrücken kann." Strich für Strich füllt sie Flächen, lässt Landschaften, Blüten, Früchte entstehen. Die Vergänglichkeit als Ausdruck allen Lebens hat einen wesentlichen Anteil in ihren Arbeiten. Ihre Zeichnungen sind eine Kombination und Komposition von Vergangenem und Vergänglichem. „Blumen und Früchte, die sich täglich verändern, vertrocknen und damit zum Leben verdammt sind." In ihren Augen sollte Kunst für alle Menschen erschwinglich sein, nicht nur für einen bestimmten Teil der Gesellschaft. Mit diesem Anspruch entwickelte Martina Etienne ihre KunstWerkStücke, eine Kombination großer und kleiner Arbeiten. Zu zwei bis drei Veranstaltungen

Kunst in Flingern ist immer ein Publikumsmagnet: Atelier Martina Etienne

im Jahr lädt sie ein, aber in ihrem Atelier besuchen kann man sie auch zu anderen Zeiten.

Im Haus Fortunastraße 11 arbeitet die ➘**Eremiten-Presse**. Wer ein Buch aus diesem Verlag sein Eigen nennt, der merkt sehr schnell, dass sinnliches Erfahren an erster Stelle steht. „Begreifen", Blättern, Streicheln, Betrachten, das sind die Impulse, die man verspürt, wenn man ein Buch aus diesem Verlag in Händen hält. Es zu lesen kommt an zweiter Stelle, was nichts über die Qualität des Textes sagt, ganz im Gegenteil. Das Buch als Gesamtkunstwerk – dafür steht die Eremiten-Presse.

Als der Verlag 1949 von Viktor Otto Stomps gegründet wurde, sollte er Heimstatt der literarischen Avantgarde sein. Jungen, zeitgenössischen, noch unbekannten Autoren wollte er ins Licht der Öffentlichkeit verhelfen, eine Idee von erhabener Schönheit, aber limitiert durch finanzielle Gegebenheiten – für den literaturbesessenen Stomps kein Hinderungsgrund. Wo das Geld fehlte, wurde es mit Eigenleistung kompensiert. Zuerst in Frankfurt, dann in einem kleinen Fachwerkhaus in Stierstadt im Taunus wurde in eigener Werkstatt gesetzt, gedruckt, gebunden. Von der literarischen Auswahl bis zur handwerklichen Ausführung, alles lag in einer Hand oder besser gesagt in zwei Händen. Und wenn die Zeit knapp war und zwei Hände nicht ausreichten, dann legten Autoren und Künstler auch selbst Hand mit an. So kam auch Fridolin Reske 1966 zum Verlag. Drei Monate wollte er mithelfen, 45 Jahre sind es geworden. 1967 übernahm er zusammen mit Dieter Hülsmann den Verlag von dessen Gründer Viktor Otto Stomps, der aus Krankheitsgründen ausschied. 1983, nach dem Tod Hülsmanns, kam Jens Olsson mit ins Boot und leitet und gestaltet bis heute gemeinsam mit Reske die Geschicke der Eremiten-Presse.

Die Eremiten-Presse

Angela Spook, Beruf: Hexe

1972 zog der Verlag in die Fortunastraße 11 in Flingern. Ein Haus aus der Gründerzeit, ein Familienerbstück, wollte bewohnt werden und was lag näher, als im Erdgeschoss die Verlagsräume einzurichten und darüber die Wohnung. Mit der Broschur-Reihe gelang der Eremiten-Presse die Edition der ersten bibliophilen Taschenbücher Deutschlands, der Druck eines Gesamtkunstwerks Buch, das bezahlbar blieb: gedruckt mit der Handpresse und illustriert mit Originalgrafiken auf nicht geschnittenen Doppelseiten.

Der Druck mit Bleilettern und der Handpresse wich später dem Offsetdruck. Was blieb war die Originalgrafik, die die Künstler nun direkt auf die Offsetvorlagen malen mussten. Nach wie vor wurde aber auf die Gestaltung der Bücher das größte Augenmerk gelegt. Und es wurde nur verlegt, was hundertprozentig gefiel. Von der Auswahl der Texte über Satz, Layout und Bogenmontage bis hin zur Verwaltung, zum Versand und zur Öffentlichkeitsarbeit lag alles in den Händen von Fridolin Reske und Jens Olsson.

Im Frühjahr 2010 musste die Produktion 60 Jahre nach der Gründung eingestellt werden. Für Eingeweihte sind Bücher aus der Eremiten-Presse längst zu Sammlerobjekten geworden. Wer den Verlag und seine Bücher kennenlernen möchte, ist in der Fortunastraße 11 immer willkommen. Hier können alle erhältlichen Titel noch erworben werden. Öffnungszeiten kennen Reske und Olsson nicht. Wenn sie in den Verlagsräumen sind, dann öffnen sie auch.

In Flingern zu Hause ist auch Angela Spook – **Düsseldorfs letzte Hexe**. Täglich kann man sie auf der Königsallee sehen. Ab 16 Uhr steht sie dort ganz in Schwarz gekleidet, mit Hexenhut, Besen und einem Raben auf der Schulter. Ihr weiß geschminktes Gesicht hat einen unbewegten Ausdruck. Als Straßenkomödiantin schlüpfte sie zuerst in die Rolle des Clowns, der dreiminütige Texte vortrug. Zur Hexe kam sie ganz zufällig. In den Auslagen eines Hutgeschäfts entdeckte sie ein schwarzes Exemplar, das sie an einen Hexenhut erinnerte. Den schwarzen Mantel schenkte ihr der Vater. Schnell war die Idee geboren, von nun an als Hexe aufzutreten. Vom Fleck weg wurde sie für Auftritte in anderen Städten engagiert. Das dreitätige Mittelalterfest in Wesel hat sie bereichert. Lothar Kiepsch, der Marktmeister von Schermbeck, hat sie für seine Feste gebucht. Und auch auf Kindergeburtstagen und in Kindergärten ist sie aufgetreten, denn sie ist ebenfalls eine begnadete Vorleserin.

Die wenigsten kennen ihren bürgerlichen Namen Angelika Tampier. In Flingern wohnt sie in einem Hinterhof der Ackerstraße 191. Als sie sich 1999 der Zen-Meditation zuwandte, entschied sie sich auch für ein minimalistisches Leben, das bis heute ihren Alltag in allen Bereichen bestimmt. Wer sie in der Ackerstraße besucht, begreift, wie die von ihr gewählte Lebensweise aussieht. Hier wohnt sie in einem Raum, einer ehemaligen Motorradwerkstatt, ohne Bad und Heizung. Kein Fernsehgerät, kein Telefon, kein Computer, die Möbel secondhand. Einziger Luxus: eine alte Schreibmaschine. Gummimatten, dicke Teppiche zur

Isolation und an manchen Tagen vier Lagen Kleidung schützen sie im Winter vor der Kälte. Jeden Morgen steht sie um drei Uhr auf. Sechs Stunden am Tag meditiert sie: drei Stunden während ihrer Auftritte auf der Kö, drei zwischen 18 und 21 Uhr. Erst um 23 Uhr ist Feierabend.

Die Figur der Hexe und ihre Lebensführung sind eins geworden. Zen-Meditation steht in keinem Widerspruch dazu. Wenn man Angela Spook begegnet, fühlt man sich an *Die Nebel von Avalon* erinnert, mit seinen letzten Priesterinnen und Hexen als Gegenentwurf zu einer patriarchalisch kontrollierten Welt. Neben ihren Meditationsübungen und Auftritten als Hexe schreibt sie Drehbücher und widmet sich dem Malen. „Wer eine andere als die heute praktizierte Lebensform wählt oder seine Prioritäten anders setzt, gilt schnell als verdächtig, ja sogar als verrückt. Gegen den Strom schwimmen kostet viel Kraft, bedeutet aber auch viele neue und andere Erfahrungen."

Theater und Spiel

„Als wir uns 2003 für dieses Theater entschieden haben, war die Bodenständigkeit des Viertels ausschlaggebend." Das war die Antwort Philipp Kohlen-Priebes auf die Frage: „Warum gerade Flingern?" In der Ackerstraße 144 im Hinterhof liegt Flingerns kleines Stadtteiltheater mit 80 Plätzen: das ➘**Theater FLINgern**. Rudolf Porsche hat es hier 1999 als kleines Hinterhoftheater mit 50 Sitzplätzen eröffnet. 2004 wurde es von Philipp Kohlen-Priebe und Oliver Kohlen übernommen und vergrößert. Der damalige Zuschauerraum ist heute das Foyer, ein ehemaliger angrenzender Lagerraum, in dem die Deutsche Kommunistische Partei in den 20er-Jahren ihre Plakate und Zeitungen druckte, der heutige Zuschauerraum.

Philipp Kohlen-Priebe, ehemaliger Verwaltungsfachwirt, und Oliver Kohlen, ehemaliger Physiotherapeut, sind Theaterleute aus Leidenschaft. Und wie so viele in Flingern haben auch sie ihre Leidenschaft zum Beruf gemacht und leben heute ihren Traum. Doch das geht nur mit einer ordentlichen Portion Realismus, wie sie auf ihrer Internetseite sagen: „Uns ist bewusst, dass Mut alleine nicht ausreichen wird, um in der Düsseldorfer Theaterlandschaft zu überleben, und vertrau-

Das Flin im Hinterhof in der Ackerstraße

Staunen, Spielen, sich kreativ entwickeln im Kinderspielhaus

en deshalb fest auf das von uns bereits absolvierte Überlebenstraining in der freien Düsseldorfer Theaterszene (...) Über zwanzig Jahre Theaterleidenschaft (...) haben uns geprägt. Die Führung und Gründung eines eigenen Ensembles, die zahlreichen eigenen Inszenierungen verbunden mit vielen Auftritten quer durch die Republik und die daraus resultierenden freundschaftlichen Verbindungen zu anderen Veranstaltern, Managern, Theatergruppen und Künstlern haben uns letztlich ermutigt und bestärkt, diesen Schritt zu wagen."

Das Theater Flin als Stadtteiltheater zu bezeichnen, würde aber zu kurz greifen, hat es sich doch als Kleinkunstbühne einen Namen gemacht. Und das nicht nur in Düsseldorf, sondern auch bis weit ins Ruhrgebiet und in die Niederlande. Ein Mix aus Theater, Comedy, Kabarett und Kindertheater machen jede Saison den Erfolg aus. Eigenproduktionen wechseln sich ab mit Gastauftritten anderer Ensembles und Einzelkünstler. Schwere Kost leicht verdaulich den Gästen näher zu bringen ist das Anliegen der Theatermacher bei den eigenen Produktionen. Dem Publikum soll die Hemmschwelle vor den großen Theaterstoffen genommen werden. Dafür stehen *Fast Faust* oder *Schiller – Ganz oder gar nicht*.

Wer das Theater besucht, wird von den Machern persönlich empfangen und bewirtet. Nähe und Individualität sind den beiden wichtig und unterscheiden das Flin von anderen Theatern in Düsseldorf.

Eine Besonderheit in Flingern und einzigartig in Düsseldorf ist das ➘**Kinderspielhaus** in der Dorotheenstraße 39. Der Stadtteil ist nicht mit viel Grünfläche gesegnet und Plätze für Kinder, auf denen sie spielen können, sind rar. Deshalb sollte in den 70er-Jahren ein überdachter Spielplatz nach Vorbildern in Dänemark und Schweden geschaffen werden. Dort wurden in ehemaligen Industriehallen Sand aufgeschüttet und Spielgeräte aufgebaut. Eine tolle Idee, aber für Flingern nicht realisierbar. Was tun? Das ehemalige Pestalozzi-Gemeindehaus in der Dorotheenstraße in Flingern rückte in den Fokus der Überlegungen. Es bot einen großen Saal, in dem zwar kein Sand aufgeschüttet, aber Spielgeräte aufgestellt werden konnten. Die Verhandlungen führten zum Erfolg und das Kinderspielhaus in Flingern wurde 1979 mit 2000 Quadratmetern Innen- und 900

Quadratmetern Außenfläche für Kinder zwischen sechs und 14 Jahren zur größten Kinderfreizeiteinrichtung Deutschlands. Anfangs wurde nur gespielt und getobt, das Haus als Spielplatz genutzt. Aber das genügte Joachim Wagner nicht, der 1980 Leiter des Hauses wurde. Als bekannter Künstler hat er seine Arbeiten in über 200 Ausstellungen auf fast allen Kontinenten ausgestellt und verkauft. Der Meisterschüler von Professor Geiger wurde für besondere Leistungen 1976 mit dem Kunstpreis der Akademie ausgezeichnet. Aber ein Leben nur zwischen Atelier und Galerien, das konnte sich Wagner nicht vorstellen. Er wollte die Bodenhaftung nicht verlieren und so gehörte er zu den Förderern der ersten Stunde, als das Kinderspielhaus 1979 eingeweiht wurde. Getreu dem Motto „Was mir gut tut, kann anderen nicht schaden" schuf er für Kinder ein Umfeld, in dem Kunst zum Alltag gehört und Kreativität und gestalterische Fähigkeiten gefördert und geübt werden. Eine Galerie wurde eingerichtet, außerdem Werkräume und Workshops. Für die Galerie im Kinderspielhaus, die auch als Ausstellungsraum genutzt wird, haben sich „massenhaft Künstler beworben", so Wagner, und neben bekannten Größen wie Christo, Jeanne-Claude, Beuys, Uecker und Penck haben hier Hunderte von Kunstakademiestudenten ihre Werke ausgestellt. Für die Kinder waren und sind diese Werke alltäglicher Anblick, und wie es Kinderart ist, zollen sie ihnen wenig Respekt. „So mancher Künstler musste sich mit den knallharten Reaktionen der Kinder auseinandersetzen", schmunzelt der Meister. Aber ohne Einfluss blieben die gezeigten Kunstwerke nicht. Und wenn die Kinder sich mit ihnen auch nicht immer einverstanden erklärten, so begannen sie nun selbst Bilder zu malen und ihre eigenen Werke den gezeigten gegenüberzustellen, für Jocki, wie Joachim Wagner liebevoll von den Kindern genannt wird, eine spannende Beobachtung. Auch einen eigenen großen gesponsorten Computerraum nennt das Kinderspielhaus sein Eigen. In Workshops für Malerei, Tanz, Theater, Fotografie und Film können Kinder nicht nur ihre gestalterischen Fähigkeiten entdecken und ihrer Kreativität freien Lauf lassen, sondern die realisierten Projekte auch einer Öffentlichkeit vorstellen. Filme aus den Videoworkshops erhielten Preise in Berlin, Unna und Frankfurt. Und Demokratie ist im Kinderspielhaus nicht nur ein Wort, sondern wird gelebt. Auf Akademierundgängen werden die Künstler, die in der Galerie ausgestellt werden sollen, gemeinschaftlich ausgewählt. Auch der Garten des Spielhauses wurde nach den Wünschen der Kinder von einer Architektengruppe gestaltet.

Natürlich gibt es auch Eishockey-, Fußball- und Computer-AGs sowie eine Hausaufgabenbetreuung in der Dorotheenstraße. Seit vier Jahren arbeitet das Kinderspielhaus als Bildungsanbieter auch mit offenen Ganztagsschulen zusammen. Aber der Schwerpunkt liegt nach wie vor auf der kulturellen Bildung: Kunst als selbstverständliches Phänomen in den Alltag junger Menschen zu integrieren ist und bleibt das Hauptanliegen im Kinderspielhaus Flingern.

Es gibt immer etwas zu feiern: Dorotheen-/Ackerstraße

UNTERWEGS IN FLINGERN NORD

Einkaufsbummel im Viertel

Wer zu einer Shoppingtour oder einem Nachtbummel nach Flingern aufbrechen will, der landet unweigerlich in Flingern Nord. Der Stadtteil bietet, im Gegensatz zu Flingern Süd, interessante Einkaufsstraßen, in denen sich Geschäft an Geschäft reiht, und eine bunte, internationale Gastroszene, die vom Szenelokal bis zur Eckkneipe reicht.

Flingern Nord rund um den Hermannplatz ist ein Viertel der kurzen Wege. Einkaufsketten sucht man vergeblich, wenn man von Supermärkten und Bäckereien einmal absieht. Globaler Einheitsbrei ist nicht Flingerns Ding. Individualität und Kleinzelligkeit sind die Pfunde, mit denen der Stadtteil wuchert, und das in einer Zeit, in der sich Geschäftsstraßen in den Innenstädten europa-, ja weltweit gleichen. Nicht so in Flingern! Hier haben sich kleine, vom Inhaber geführte Geschäfte und Ateliers etabliert, die Mode, Möbel, Schmuck, Einrichtungsgegenstände, Feinkost und Weine anbieten. Kleine Handwerksbetriebe mit Fokus auf individuelle Wünsche komplettieren das Angebot. In der warmen Jahreszeit stehen wie in früheren Zeiten Bänke oder Stühle vor den Geschäften und laden zum Verweilen ein. Hier hält man einen Plausch mit Kunden, Passanten und Nachbarn. Und wer sich für fünf Minuten zu Hause abmeldet, um kurz etwas einzukaufen, der wird oft nach Stunden für vermisst erklärt. Warum? Da trifft man den einen, da trifft man den anderen, da muss man noch schnell an der Ecke einen Kaffee trinken. Die Zeit verrinnt einfach viel zu schnell.

Es ist dieser Teil Flingerns, der dem Stadtteil heute neue Identität und ein neues Gesicht gibt.

In der Birken-, Linden-, Hermann-, Acker- und Hoffeldstraße sowie der Grafenberger Allee ist ein Einkaufsviertel entstanden, das

Kreuzung Ackerstraße/Hermannstraße

nicht nur Güter fürs tägliche Leben bereitstellt, sondern vor allen Dingen durch seine kleinen Läden und Ateliers beliebt geworden ist. Bis auf wenige Ausnahmen gibt es in diesem Stadtteil keine großen Ladenflächen. Zum Glück, kann man heute sagen, hat diese Tatsache die großen Bekleidungsketten davon abgehalten, sich in Flingern niederzulassen, und die Mieten niedrig gehalten. Für die Inhaber der Geschäfte blieb der Weg in die Selbstständigkeit dadurch ein überschaubares Risiko oder wurde durch die günstigen Bedingungen erst ermöglicht. Viele von ihnen kommen ursprünglich aus ganz anderen Berufszweigen. Sie erfüllen sich mit ihren Geschäften einen Lebenstraum oder haben sich mit einer vielversprechenden Geschäftsidee neu orientiert.

Am Hermannplatz

Frühling im Kiez

Die **Ackerstraße** zwischen Birken- und Hoffeldstraße ist heute Flingerns bekannteste Straße. Sie gilt als szenige Einkaufsmeile für ein junges Publikum, in der junge Designer ihre Kreationen anbieten. Obwohl dieses Etikett den Bekanntheitsgrad der Straße deutlich nach oben verschoben hat, ist die Ackerstraße Einkaufsmagnet für alle Altersgruppen, die auf der Suche nach etwas Besonderem sind, was nicht überall erhältlich ist. Neben Geschäften junger Designer gibt es hier Supermärkte, Kosmetikinstitute, Friseure, Einzelhandels- und Handwerksbetriebe.

Im ➘**NewYorkRioTokio** gibt es Kleidung, Möbel, Accessoires und Schmuck secondhand aus den 60er-, 70er- und 80er-Jahren.

➘**DearSirs**, Flingerns einziger Schuhladen für die männliche Variante der menschlichen Spezies, bietet rahmengenähte Schuhe an. Der Inhaber Sebastian Odenthal ist nicht Flinger, sondern Gerresheimer Bürger. Sein Großvater Aloys Odenthal gehörte der Gruppe mutiger Männer an, die gegen Ende des Zweiten Weltkriegs den Alliierten entgegentrat und Düsseldorf vor einer Angriffswelle rettete. Nach ihm ist in Gerresheim ein Platz benannt worden.

Das Suburbia

Gleich daneben liegt im Hinterhof das ↘**S & S Centro**, Flingerns italienischer Gourmet-Tempel, der mit der Vielfalt und Größe seiner Angebote das Herz jedes Liebhabers für Pasta, Saltimbocca und Vino höher schlagen lässt. Hier hat Flingerns ältestes Fahrradgeschäft, ↘**Zweirad Eggert**, ebenso seinen Sitz wie ↘**Büroorganisation Sinder**, das einzige Fachgeschäft des Viertels für Büro- und Schulbedarf. Nicht zu vergessen ↘**Heike Siemes'** einzigartiger Dessous- und Homewear-Laden mit seinen klassisch zeitlosen und hochwertigen Kollektionen. ↘**Man(n) bleibt Mann** wiederum ist Flingerns einziger Herrenfriseur und kein Kopf außer einem männlichen kommt hier unter die Schere.

Wer individuelle, handgefertigte Möbel sucht, der kann sich bei 61 ° möbeldesign oder archefilo einrichten. Eva-Maria Heselhaus von ↘**61 ° möbeldesign** ist staatlich geprüfte Technikerin für Denkmalpflege in Holz. Sie baut Tische auf Maß. Auf den Millimeter genau kann jeder seinen Wunschtisch bei ihr in Auftrag geben, ebenfalls in jeder Farbe und jedem Beizton. Aber sie bietet auch Tische aus antiken Gestellen mit neuer Platte oder Nachbauten alter Vorbilder an. Alte Türen und Blendläden werden mit neuem Korpus zu Schränken, die an Sonne, Strand und Meer oder an einen Urlaub in der Provence erinnern. Wer in ihre Werkstatt kommt, kann sich aus einem reichhaltigen Sortiment die Türen und Blendläden aussuchen, die seinem neuen Schrank Form und Gesicht verleihen sollen. In ihrem Laden stellt sie bereits fertiggestellte Tische und Schränke aus, die man sofort mitnehmen oder sich anliefern lassen kann.

Bei ↘**archefilo** baut Rainer Eindorf, Künstler und Designer, für Groß und Klein seit 20 Jahren seine puristischen und funktionalen Massivholzmöbel mit hauptsächlich weiß lasierten Oberflächen: Regale, Schränke, Stühle, Bänke, Betten, Tische, Sideboards, Küchen und Holzinstallationen geben den Räumen eine märchenhafte Atmosphäre.

Gleich nebenan im Hinterhof liegt die ↘**.druckbar**, eine junge Crew, die T-Shirts nach individuellen Wünschen bedruckt.

Bei ↘**klein aber fein** können junge Eltern für ihr Baby die Erstausstattung wie Krabbel- und Tagesdecken, Nestchen für Neugeborene, Bezüge für Wärmflaschen und Kissen mit Applikationen erstehen, handgenäht und liebevoll verziert, auf Wunsch mit dem aufgestickten Schriftzug der kleinen Prinzessin oder des kleinen Prinzen. Hier gibt es Spielzeug, Spieluhren, Dekorationsartikel fürs Kinderzimmer, Geschirr, Stifte, Bücher und und und.

Läden wie ↘**funky kleidsam** oder ↘**Butik** bieten Mode von Labels an, die es eben nicht überall gibt, und ↘**Suburbia** hat sich auf Fair-Trade-Mode spezialisiert. ↘**Unterhaltung** verkauft Mode, Möbel und Accessoires von jungen Designern aus anderen deutschen Städten, während im ↘**Jolie Folie** Dorothée Zimmermann ihre eigene handgeschneiderte Kleidung für Mann, Frau und Kind zeigt. Und natürlich ist in der Ackerstraße auch der Designer ↘**Norman Icking** vertreten, der durch seine (be)rauschenden Hochzeits- und Ballkleider bekannt wurde. Bei ↘**Misprint** entwirft, bedruckt und näht Susy Hertsch, eine Spezialistin für eigenwillige Siebdrucktechniken, ihre T-Shirts, Sweatshirts, Hem-

funky kleidsam

den, Blusen, Röcke, Hosen und Accessoires für Mann und Frau in limitierten Kleinstauflagen.
Und am Ende der Acker-/Ecke Hoffeldstraße gibt es nicht nur ➘**La Terra**, Düsseldorfs ungewöhnlichsten Blumenladen mit Pflanzen und witzig schräg verspielten Wohnaccessoires und Dekorationsartikeln, sondern auch das ➘**PerlenReich**. Hier kann man in Zehntausenden von Perlen und Steinen stöbern und sich sein eigenes Schmuckstück selbst zusammenstellen.
In jüngster Zeit lassen sich auch immer mehr Secondhand-Läden in der Ackerstraße nieder, die angesagte Mode, Möbel und Accessoires anbieten.

Die **Hoffeldstraße** zwischen Grafenberger Allee und Flurstraße hat sich eher im Schatten der Ackerstraße entwickelt, ist aber nicht minder interessant. Sie ist eine Straße mit altem Baumbestand und wenig Autoverkehr. In dem Teil zwischen Grafenberger Allee und Ackerstraße liegen die Geschäfte im Souterrain. Hier haben Mode-, Stoff- und Schmuckdesigner ihre Ateliers. ➘**Susanne Mayer** kreiert ihren mobilen, variablen Schmuck aus Edelmetallen, Stahl oder Tantal, der von seiner Trägerin immer wieder neu zusammengesetzt werden kann, und Barbara Gärtner schneidert in der ➘**Kleiderwerkstatt** ihren Kunden Pariser Chic auf den Leib. Im ➘**Snoepjes**, dem Schmeckleckerladen Flingerns, produziert Yvette Kuth Bonbons in allen Geschmacksrichtungen und wer will, kann ihr dabei zusehen. Hier kann man Schleckwaren nach eigenen Wünschen mit persönlichem Logo oder einem besonderen Motiv als Give-Aways kreieren lassen.
Auf den Hund gekommen ist man in der Hoffeldstraße 54. Im ➘**Chic für alle Felle** gibt es alles rund um den Vierbeiner: Leinen, Halsbänder, Körbe, Kissen, Decken, Bekleidung, Näpfe, Vorratsdosen, Reisegepäck. Das Angebot beginnt, wo der Standard aufhört.
In der **Lindenstraße**, die ebenso lang ist wie die Ackerstraße, liegen die Geschäfte zwar weiter auseinander, dafür findet man zwischen Lieblingsstücke (Ecke Bruchstraße) und LaVinesse (gegenüber der Mendelsohnstraße) interessante, denkmalgeschützte Bauten, wie zum Beispiel die ehemalige Volksschule an der Lindenstraße 126 mit ihren mythisch anmutenden Reliefarbeiten an der Fassade oder das alte Wegkreuz gegenüber dem Linden-

Grünes vor dem La Terra

Süßes im Snoepjes

plätzchen/Ecke Hoffeldstraße. Wer als „Hans-guck-in-die Luft" und mit offenen Augen über diese Straße geht, hat nicht nur ein Einkaufserlebnis, sondern sieht die liebevollen Details alter Baudenkmäler, die den Häusern Seele und Atmosphäre geben.

Im ↘**Lieblingsstücke** gibt es Secondhand-Designer-Outfits.

In der Lindenstraße zwischen Dorotheen- und Hermannstraße hat die ↘**Regenbogen Buchhandlung** ihren Sitz, Spezialistin für Bücher rund um den Themenkreis Sterben, Tod und Trauer. Aber hier ist auch jedes andere Buch erhältlich ebenso wie Kinkerlitzchen, die keiner braucht, aber jeder will, weil sie so schön anzusehen sind.

Schräg gegenüber findet man ↘**Das Krönchen** von Alexa Müller. Es bietet Unikate mit Geschichte. Hier werden aus einer Sammelleidenschaft für Textilien der 50er- bis 70er-Jahre des 20. Jahrhunderts Unikate des 21. Jahrhunderts. Aus Gardinen, Dekorationsstoffen, Bademänteln, Kühltaschen, Luftmatratzen und Ledersitzmöbeln entstehen Taschen, Kleidung, Accessoires und viele andere schöne Dinge.

Gleich daneben liegt das Geschäft

Bücher und mehr

Das Krönchen

Stauraum von Karin Krois-Blaschke, ein Laden, der nicht nur Möbel anbietet, sondern auch Einrichtungsgegenstände. Außerdem findet man alte Wandkarten von 1900 bis in die 70er-Jahre, Kuriositäten wie die originellen Herz-, Lungen- und Augenmodelle, Schnürkasperl und Handpuppen der Künstlerin Elke Scheu. Urgemütlich geht es in dem Laden zu und bei der Vielzahl der Angebote bietet es sich geradezu an, an dem großen Tisch Platz zu nehmen und den Blick in aller Ruhe schweifen zu lassen. In der Schreinerei hinter dem Laden wird jedes Möbelstück handgefertigt. Tische und Bänke sind alten Konstruktionen nachempfunden und Schränke sowie

Das Geschäft Stauraum lädt ein

Vor dem URSBOB

Regale entstehen im Modulbau.

Etwas weiter, hinter der Kreuzung Linden-/Hermannstraße liegt der Schmuckladen von ↘**Heike Elfrink.** Die Schmuckdesignerin zeigt hier Kreationen für Sie und Ihn, unter anderem Tantalschmuck, der allein schon aufgrund der schwierigen Verarbeitung so exklusiv ist, dass man ihn nur selten zu Gesicht bekommt. Edel- oder Halbedelsteine mit einer Tantalfassung strahlen durch die Anthrazitfarbe des Metalls. Fast am Ende der Lindenstraße gegenüber der Mendelssohnstraße hält die Weinhandlung ↘**La Vinesse** ein großes Sortiment europäischer Weine bereit. Hier trifft man sich zum samstäglichen Schoppen oder auf ein Quätschchen unter Freunden im lauschigen Garten.

Im idyllischen Teil der **Hermannstraße**, zwischen Linden- und Ackerstraße, findet man unter altem Baumbestand den Laden ↘**URSBOB** der Modedesignerin Ulla Meiners, die puristisch zeitlose Mode entwirft. Das ↘**atelier für raumgestaltung Roth** kann 2010 bereits auf eine 80-jährige Familientradition zurückblicken. Neben der zeit- und stilgerechten Restaurierung alter und antiker Sitzmöbel nehmen individuelle Einzelentwürfe und maßgefertigte Polstermöbel in alter und neuer Handwerkskunst großen Raum ein. Für die Verwirklichung von Wohnträumen stehen fast 10.000 Musterstoffe zur Verfügung.

Schräg gegenüber das ↘**blattgold**, eine Ateliergemeinschaft von Buchbindermeister Adolphs und Goldschmiedin Beyermann. Seit 20 Jahren hat der Buchbinder seinen Betrieb in Flingern. Kreativität in traditionelle Handwerkskunst umzusetzen ist ihm ein Anliegen. Hier können Diplom-, Doktorarbeiten und Fachliteratur

Ateliergemeinschaft blattgold

Leckere Auswahl im Weinladen

genauso in Leder oder Pergament gebunden werden wie Familienchroniken oder -stammbäume. Fotografen und Künstler ordern hier ihre Präsentationsmappen oder Skizzenbücher. Gäste-, Tagebücher und Fotoalben bindet Adolphs nach den Vorstellungen seiner Kunden in allen Formaten und Einbänden mit Gold- oder Blinddruckprägung und berät bei der Wahl des Papiers. Goldschmiedin Isabell Beyermann entwirft im gleichen Geschäft klassisch klaren, schnörkellosen Schmuck.

Die **Birkenstraße**, Flingerns Kö vergangener Jahre, hat ihren Rang zwar an die Ackerstraße abgegeben, aber sie bleibt ein Geheimtipp, wenn es um besondere Geschäfte geht. ➘**Ela Eis**, das Pendant zum PerlenReich, zeigt hier individuelle Modeschmuckkreationen, bietet Workshops an und viele Schmucksteine und Perlen für die Eigenkreation.

Der ➘**Weinladen** von Gaby Thomas und Ulrich Lechtape hat seit 1987 hier sein Domizil. Drei Mal ist er bereits vom *Feinschmecker* als einer der 400 besten Läden Deutschlands gewürdigt worden. Das Geschäft hat sich auf gute Weine zu möglichst günstigen Preisen spezialisiert. Deshalb sind Gaby Thomas und Ulrich Lechtape immer auf Entdeckungsreise nach kleinen, relativ unbekannten Weingütern mit qualitativ hochwertigen Produkten.

Hier liegt auch ➘**Aldenhoff Jewellers**, ein Goldschmied und Schmuckdesigner, der durch seine individuelle Trauringkollektion und seinen unverwechselbaren großformatigen, aber immer puristischen Schmuck in Deutschland und den USA bekannt geworden ist.

In der heutigen Zeit eine Rarität ist die ➘**Metzgerei Grefges**, ein Familienbetrieb, den es seit 1911 in der Birkenstraße gibt. Bei einer so langen Tradition ist klar, dass die Inhaber mit ihrem Namen für die Qualität ihrer Waren stehen.

Aldenhoff Jewellers

Neben ihren Fleischereiprodukten bietet die Metzgerei auch einen Mittagstisch mit deftigen, hausgemachten Eintöpfen und Suppen, Pfannkuchen, Salaten und Desserts sowie einen Frühstücksservice an.

Die kleinste Ladenfläche in ganz Flingern liegt im Haus Dorotheenstraße 10. Auf zehn Quadratmetern hat die Goldschmiedin und Schmuckdesignerin ↘**Maria Hahlen** 1980 hier ihr kleines Atelier eröffnet. Anfangs gehörte noch eine Werkstatt dazu, aber die ist mittlerweile ausgelagert. Trotz der kleinen Fläche bleibt genug Platz, um Schmuck auszustellen, auszusuchen und sich zu einem Plausch auf eine Tasse Kaffee zu verabreden.

Und wer nach einem Shopping-Marathon pure Entspannung sucht, erhält die in Flingerns einzigem ↘**Türkischen Hamam** in der Birkenstraße 41. Hier wird die 800-jährige Tradition der türkischen Körperpflege im orientali-

Metzgerei Grefges

schen Ambiente gepflegt: mit Dampfsauna, Ganzkörperpeeling, Seifenschaum- und Ölmassagen.

Typisch für Flingern: Viele Läden geben Künstlern die Möglichkeit, ihre Objekte in den Geschäftsräumen auszustellen. „Zur Raumgestaltung gehören nicht nur Stoffe, Muster und Farben, sondern auch Bilder und Skulpturen." ➘**Karin Mundigl** vom gleichnamigen Raumausstattungsgeschäft in der Hoffeldstraße 23 bringt deshalb die Ausstellungsobjekte immer in den Gesamtzusammenhang ihrer gezeigten Stoffe und Polster. ➘**Heaven7**, ein Friseurladen in der Grafenberger Allee 145, zeigt die Werke junger Künstler in wechselnden Ausstellungen. Misprint in der Ackerstraße kombiniert Mode und Accessoires mit Streetart. Typisch für Flingern ist auch, dass viele Geschäfte und Ateliers ihre Räume für private Feiern zur Verfügung stellen oder unter einem speziellen Motto Gäste zu einem geselligen Abend bei Essen und Trinken einladen, wie zum Beispiel der Weinladen ➘**Il Mugello** in der Ackerstraße, der in regelmäßigen Abständen zu einem Feinschmecker-Abend oder einer Weinverkostung einlädt, bei der der Winzer seine Weine vorstellt. Ganz unverwechselbar Flingern aber ist das Gefühl, in einer großen Familie zu sein, in die jeder aufgenommen und integriert wird.

Es(s)kapaden

Griechisch, italienisch, portugiesisch, spanisch, karibisch, chinesisch, laotisch, thailändisch, indisch, äthiopisch, gutbürgerlich, neue deutsche Küche, cross-over, ökologisch-biologisch – die Küchen in Flingerns Restaurants, Bistros, Cafés, Gaststätten, Suppenküchen und Imbissbuden sind so kreativ wie ihre Inhaber und so international wie die Bewohner und Besucher des Stadtteils. In Flingern hat sich zwischen 2005 und 2010 eine bunte Gastronomie-Szene von alteingesessenen und neu hinzugekommenen Betrieben entwickelt, die für jedermann, jeden Geschmack und jeden Geldbeutel etwas zu bieten hat.

In der Birkenstraße 46 liegt die Gaststätte ➘**Schmalbauch**. Sie gehört zu den alteingesessenen Lokalen im Viertel. Die Küche ist bürgerlich: von Bratkartoffeln mit Rühr- oder Spiegelei und Salat über Schnitzel und Senfrostbraten bis hin zu griechischen Spezia-

Das Schmalbauch

litäten. Der Gastraum hat einen weitläufigen Thekenbereich mit Stehtischen und einzelnen Tischgruppen. Zwei weitere Räume schließen sich an, die für Feiern oder Versammlungen reserviert werden können. Der Innenraum erweitert sich im Sommer um eine große, zur Straße abgegrenzte Sonnenterrasse. Im Schmalbauch trifft sich ein Publikum aller Altersklassen. Hier findet man den Kreativen mit dem Laptop ebenso wie den Rentnerstammtisch, der sich über vergangene Zeiten und das heutige Geschehen unterhält. Aber vor allen Dingen kann man hier noch den „Ureinwohnern" Flingerns begegnen: freundlich zugewandt, ungekünstelt und immer direkt.

Schräg gegenüber im Haus Birkenstraße 55 liegt das ➘**Pepperchiefs**, ein kleines Ladenlokal mit täglich wechselndem Mittagstisch und wöchentlich neuer Speisekarte. Das Konzept: Alles wird frisch und zum größten Teil direkt vor den Augen des Gastes zubereitet. Es gibt täglich ein Hausmannsgericht, einen Eintopf bzw. eine Suppe und ein exklusives Gericht zu einem Preis-Leistungs-Verhältnis, das unschlagbar in Düsseldorf ist. Einziger Wermutstropfen: Hier kann man nur in der Zeit von 11.30 bis 14.30 Uhr Essen fassen oder mitnehmen. Die ehemalige Metzgerei bietet Platz für bis zu zwölf Personen. Da keine Toiletten vorhanden sind, wird hier kein Alkohol ausgeschenkt. Die Köche aus Leidenschaft haben ein großes Ziel: Sie möchten als erster Imbiss einen Stern erringen, ganz gewiss keine Utopie.

Biegt man von der Birkenstraße links ab in die Hermannstraße, liegt an der Ecke Platanenstraße der ➘**Böse Chinese,** eine China-Lounge, die so gar nichts mit den üblichen China-Restaurants gemein hat. Der übersichtliche Raum ist minimalistisch durchgestylt und wird von einem großen Aquarium dominiert, das Augen und Gemüt entspannt. So übersichtlich wie der Raum ist auch die

Böser Chinese

Speisekarte: Sie hat Platz auf den Wandtafeln. Alle Gerichte werden frisch zubereitet, die selbstgemachten Nudeln vor den Augen der Gäste lang gezogen. Die China-Lounge gehört zu den angesagten Lokalen in Flingern.

Das **Luang Prabang** in der Platanen-/Ecke Dorotheenstraße ist ein Familienbetrieb mit laotischen Spezialitäten. Getafelt wird an langen, eng gestellten Tischen. Hier ist es immer voll. Zwischen 18 und 22 Uhr sollte man, um auf der sicheren Seite zu sein, vor dem Besuch einen Tisch reservieren. Danach entspannt sich die Lage wieder. Wer auf gut Glück kommt, muss längere Wartezeiten an der Bar in Kauf nehmen. Zur Überbrückung der Zeit ist die gut sortierte Cocktailkarte empfehlenswert. Aber Vorsicht! Die Getränke haben es in sich, die Mischung ist hochprozentig. Deshalb: zu Fuß kommen und zu Fuß gehen oder besser noch ein Taxi bestellen.

Im Haus Flurstraße 19 liegt das **Walldorf**. 1959 wurde es von Eva und Erich Walldorf als Fischbraterei eröffnet. Backfisch war zur damaligen Zeit ein Novum in Flingern und die Gäste honorierten diese Geschäftsidee mit langen Warteschlangen, die sich um den Eingang wanden. Kinder, die freitags anstanden, um für den heimischen Mittagstisch Backfisch zu holen, sind bis heute treue Kunden geblieben. Eines davon ist Manes Meckenstock, heute selbst Gastronom und bekannter Kabarettist. Das Walldorf wird in zweiter Generation von den Schwestern Evelyn und Margot geführt, zwei Flinger Urgesteine. Margot ist die Küchenchefin, Evelyn sorgt sich im Gastraum um die Wünsche der Hungrigen. Beide kennen ihre Kunden persönlich. Viele sind Stammgäste seit Jahrzehnten. Dazu gesellt sich ein neues, junges Publikum, das Wert auf unverfälschte Authentizität legt, denn im Walldorf tafelt man nach wie

Fisch satt

vor in einem frühen 60er-Jahre-Ambiente: Resopaltische mit karierten Decken, Holzstühle, mit Holz verkleidete Wände, an der Decke Originalleuchten aus den späten 50er-Jahren. Auf den Tischen stehen kleine handbeschriebene Kärtchen mit den Tagesgerichten. Jedes Gericht hat seine eigene Karte. Zum Backfisch von einst ist Fisch in allen Varianten hinzugekommen, auch Eintöpfe, Pfannkuchen und Fleischgerichte. Alles ist frisch zubereitet und wie früher bei Muttern gekocht. Und als Extraportion be-

Evelyn und Margot Walldorf

In der Alten Metzgerei

kommt der Gast natürliche Herzlichkeit gratis serviert.

Die ➘**Alte Metzgerei** in der Hoffeldstraße 48 ist Flingerns Suppenküche, obwohl es hier mittlerweile weit mehr gibt. Der Name deutet bereits auf die ehemalige Verwendung der Ladenfläche hin. Dementsprechend klein und puristisch ist der Raum: gekachelte Wände, zwei Stehtische mit Barhockern, eine Theke, an der man seine Bestellung aufgeben kann. In der Zeit zwischen 12 und 19 Uhr wählt man zwischen fünf Gerichten, alle mit dem gewissen Extra, und einer kleinen Auswahl selbstgebackener Kuchen. Zwischen 12 und 14 Uhr mittags ist der Teufel los. Hier treffen sich Flingerns Kreative, sei es, um frische Energie für neue Gedanken zu tanken, sei es, um Denkblockaden beim kommunikativen Gemeinschaftsessen zu lösen. Die meisten kennen sich hier, knüpfen an Gespräche vom Vortag an. Wer neu hinzukommt, muss sich erst einmal seinen Platz erobern. Aber ein Besuch lohnt sich allein schon wegen des leckeren Essens und um zu beobachten und zuzuhören, und wer weiß, vielleicht gehört man eines Tages auch zu den Stammkunden.

Das nooij am Lindenplatz

Am Lindenplatz liegt in der Hoffeldstraße 37 das ➘**nooij** in minimalistisch-modernem Design. Auffallend ist die große Theke im Stil des finnischen Designers Alvar Aalto, die sich fast durch den ganzen Raum zieht. In den großen Fenstern zur Hoffeldstraße stehen kleine Tischlampen, die mit ihrem gemütlichen Licht die Gäste anziehen. Das nooij gehört zu den alteingesessenen Szenelokalen in Flingern. Hier treffen sich die Kreativen aus den umliegenden Agenturen, Künstler und Intellektuelle aus dem Stadtteil genauso wie Geschäftsleute und Gäste aus ganz Düsseldorf. Als es seinerzeit seine Pforten öffnete, gab es die meisten kleinen Geschäfte und Ateliers im Umkreis noch nicht. Bis heute ist das nooij ein beliebter Treff unter den Linden, denn vor dem Lokal liegt eine von Bäumen beschattete große Terrasse. Ab 10 Uhr morgens gibt es ein ausgiebiges Frühstücksangebot, mittags ein täglich wechselndes Gericht und abends eine Crossover-Küche mit deutschen, mediterranen und asiatischen Gerichten.

Das ➘**nebenan** in der Grafenberger Allee 145 ist ein kleines Bistro direkt neben dem Kunst-Friseur-Laden Heaven7, in dem nachbarschaftliches Flair und unkomplizierte Atmosphäre gepflegt werden. Der kleine Raum bietet Platz für etwa zwölf Personen. Große Fensterfront, weiß verputzte Wände, eine Holzbank an der Längsseite mit liebevoll bestickten Sitzkissen. Es sind die einzelnen Details, die in der Kombination das nebenan unver-

Tischdeko im nebenan

Die Terrasse des Café Beethoven

wechselbar machen. Von 8 bis 22 Uhr gibt's eine große Auswahl an leckeren Kleinigkeiten vom Frühstück über belegte Brötchen, Sandwiches, Wraps, Tapas, hausgebackenen Kuchen bis hin zu einem wechselnden Tagesgericht. Einmal im Monat lädt das Bistro zu einer Lesung ein. Es ist die Intimität des kleinen Raumes, die schnell zu Gesprächen untereinander von Tisch zu Tisch führt.

Das Café ↘**Beethoven** in gleichnamiger Straße/Ecke Ackerstraße ist eine Institution in Flingern. Zu welcher Tageszeit man auch einkehrt, die Atmosphäre ist entspannt locker und familiär. Singles, Paare, junge Familien, Junggebliebene: Hier wird gelacht, geredet, diskutiert und die Tageskarte mit Spezialitäten aus ganz Europa durchprobiert. Das Personal ist gelassen und nimmt sich Zeit für den Einzelnen. Als Gast fühlt man sich hier immer gut aufgehoben.

Das Café ↘**Hüftgold** in der Ackerstraße 113 ist Flingerns einziges Café, in dem man zwischen zehn verschiedenen hausgebackenen

Im Café Hüftgold

Kuchen wählen kann. Wer hier ein Stück ergattern will, sollte aber nicht zu spät kommen. Mittlerweile ist auch ein Mittagstisch mit Suppen, Eintopfgerichten und Quiche ins Angebot aufgenommen worden.

Im Haus Ackerstraße 119 verbirgt sich das ➘**Okra**, ein äthiopisches Lokal, hinter einem undurchsichtigen Fenster und einem engen Eingang. Ein Fehler, daran achtlos vorüber zu gehen, denn im Okra kann man die Haute Cuisine Afrikas genießen. Gegessen wird mit den Fingern oder mit Ingera, einem leicht säuerlichen Teigfladen, der als Besteck dient und zu den Speisen gereicht wird. Wessen Ding das nicht ist, erhält natürlich auch Messer und Gabel.

Im ersten Hinterhof der Ackerstraße 144 liegt Flingerns Club, die ➘**Trinkhalle**. Vliestapeten im Retro-Look, Discokugeln, erhöhter Loungebereich mit cremefarbenen Ledersofas, eine lange Theke mit Barhockern, Stehtische und

Eingang zur Trinkhalle

Die Sushibar ManThei

schwarzlederne Sitzgruppen. Von Donnerstag bis Samstag, die einzigen Tage, an denen die Trinkhalle geöffnet ist, legen DJs die Musik auf und ziehen ein Publikum ohne Altersbegrenzung an.

Für Freunde japanischer Kochkunst ist die Sushibar ➘**ManThei** in der Ackerstraße 161 genau richtig. Die Philosophie des kleinen Restaurants: Ein Essen muss Gaumen- und Augenschmaus sein. Die mundgerechten Gourmetröllchen werden für jeden Gast frisch zubereitet. Die Einrichtung ist japanisch zurückhaltend, nichts lenkt vom Wesentlichen ab. Per Sushi-Taxi kommen die Leckerbissen auch zu uns nach Hause oder ins Büro.

Daneben gibt es immer noch die vielen Bierkneipen, Relikte aus vergangenen Zeiten, als Flingern ein Arbeiterviertel war, in denen sich die Männer auch heute noch nach getaner Arbeit mit Kollegen auf ein Glas Bier treffen, bevor sie nach Hause gehen, oder nach dem Abendbrot die nötige Bettschwere holen. Es gibt die unzähligen internationalen Imbissstuben, die immer dann angelaufen werden, wenn zu Hause die Küche kalt bleibt, und die Sportkneipe, in der man zusammen mit anderen bei einem Sportereignis auf den Bildschirmen mitfiebert.

Flingerns Gastronomie lässt sich nicht an einem Tag oder Abend oder einer Nacht entdecken. Dafür gibt es zu viele interessante Anlaufpunkte. Aber auf jeden Fall sollte man das Auto zu Hause lassen, auf Tour gehen und wiederkommen.

Alle Jahre wieder

Das älteste Fest in Flingern ist das Schützenfest. Jedes Jahr im Juni wird es vom ➘**St.-Rochus-St.-Sebastianus-Schützenverein Düsseldorf-Flingern e.V.** veranstaltet. Den Verein gibt es bereits seit 1868. Er wurde von Heinrich Granderath, Johann Ströter und Willi Oberwinster gegründet. Obwohl beide Weltkriege ein großes Loch in die Mitgliederzahl rissen und zeitweise alle Aktivitäten unterbrochen oder verboten wurden, vergrößerte sich der Flinger Schützenverein kontinuierlich. Bis heute ist er ein fester Bestandteil des Stadtteils, der nicht nur das jährliche Fest ausrichtet, sondern sich auch aktiv für hilfsbedürftige Senioren und Kinder einsetzt. Beim jährlichen Schützenumzug säumen Hunderte von Zuschauern den Straßenrand und winken

Internationales Straßenfest

Schützenumzug durch die Birkenstraße

ihren Mannen und den Abordnungen der teilnehmenden Gastvereine zu. Schon in der alten Dorfschaft Flingern war das Schützenfest das Lieblingsfest der Bewohner.

Lange vor dem Ereignis wurden die Anwesen geputzt und geschmückt und aus jeder Dachluke Fahnen gehängt. Auf der Straße standen Triumphbögen, deren Grün aus dem Grafenberger und dem Gerresheimer Wald oder dem Dickens Busch geholt wurde. Und es wurden **Kirmesblätze** gebacken. Jeder wollte den größten, dicksten und leckersten zu Hause anbieten. Und weil der süße Stuten so lecker ist und alte Traditionen gepflegt werden sollten, wird das Rezept auf Seite 122/123 verraten.

Jedes Jahr Ende Mai oder Anfang Juni lädt die Bürgerinitiative Flingern e.V. an einem Samstag zwischen 8 und 18 Uhr zum **Internationalen Straßenfest** in die Flur-, Bruch- und Schwelmer Straße ein.

Im Jahr 1978 wurde es erstmals vom Ratsherrn Karl Wagner mit Flinger Bürgern organisiert, die sich dann ein Jahr später als Verein mit dem Namen eintragen ließen. Unter dem Motto *miteinander – füreinander* engagiert er sich bis heute ehrenamtlich für die sozial Schwachen im Stadtteil. Fast eine halbe Millionen Euro sind seit Beginn des Straßenfests bis heute erwirtschaftet worden und in die Unterstützung von Senioren- und Jugendarbeit sowie hilfsbedürftiger Menschen innerhalb Flingerns geflossen. Die pädagogische Spielplatzbetreuung auf dem Hermannplatz und im Stadtwerkepark wird damit ebenso sichergestellt wie Reiterferien für Kinder und bunte Seniorennachmittage.
Das Internationale Straßenfest lockt jährlich mehr als 20.000 Besucher an, die an 240 Trödelständen handeln und feilschen können: Kleidung, Schallplatten, CDs, Haushaltsgegenstände, Geschirr, Gläser, Möbel, Spielzeug, Bücher, Schmuck, Handwerksutensilien. Neu, gebraucht, antik: An den Ständen findet jeder sein Schnäppchen. Mit von der Partie sind Informationsstände von Flinger Vereinen, Organisationen und Kirchen, die sich an diesem Tag vorstellen und auf ihre Arbeit aufmerksam machen. Dazwischen gibt es die obligatorischen „Fressbuden" mit deutschen und internationalen Spezialitäten und Sitzgelegenheiten, um zu verschnaufen. Die Gemeinschaftsgrundschule von der Flurstraße organisiert zahlreiche Spiele für Kinder auf ihrem Gelände, während die Mütter mit leckeren Kuchen für das Wohl der Besucher sorgen und die Schulkinder an ihren Trödelständen Spielzeug und Bücher für Gleichaltrige anbieten. Auf der großen Festbühne, da wo Flur-, Bruch- und Schwelmer Straße zusammentreffen, sorgen Düsseldorfer Bands, wie zum Beispiel die Fischgesichter oder das Fanfarencorps Schwarz-Weiß sowie Tanzgruppen mit internationaler Folklore für Stimmung.
Wer beim Trödeln nichts findet, kann auf einen Gewinn bei der Tombola hoffen, deren Preise von den Flinger Geschäftsleuten gestellt werden.

Immer zu Beginn der Sommerferien in Nordrhein-Westfalen startet sonntags um 21.30 Uhr die sechswöchige Veranstaltungsreihe **Sommernachtsmusik** in der Liebfrauenkirche in der Degerstraße. Ins Leben gerufen wurde sie 2002 vom Organisten und

In der Liebfrauenkirche

Chorleiter der Kirche Christof Krippendorf. In den Ferien, wenn viele die Hektik des Alltags hinter sich lassen, lädt er zur Sommernachtsmusik zwischen Tag und Nacht in die Kirche ein. Von Barock bis Jazz, von Orgelkonzerten und Kammermusik bis hin zu Pop, Volksliedern und Chorgesang reichen die musikalischen Vorträge. Der Veranstaltungsreihe vorgeschaltet sind die Chortage, ein einwöchiger Workshop, zu dem Krippendorf alle einlädt, die immer schon mal gern in einer Gruppe singen wollten oder wieder singen möchten. Eine Woche lang treffen sich diese Sängerinnen und Sänger täglich auf der Orgelbühne der Liebfrauenkirche und proben gemeinsam mit dem Chorleiter Traditionals und Volkslieder, die dann, mit Beginn der Sommernachtsmusik, in der Kirche vorgetragen werden.

Die Veranstaltung ist ein fester Programmpunkt in der Liebfrauengemeinde, der im Laufe der Jahre nicht nur die Gemeindemitglieder anlockte, sondern auch

Musikliebhaber unabhängig von ihrer Gemeinde- oder Konfessionszugehörigkeit. Das verwundert nicht. Abends um halb zehn, wenn die Sonne langsam untergeht und sich die Dämmerung über Flingern legt, dann ist die Kirche ein Ort der Kontemplation. Und Gesang und Musik werden in diesem Raum zu einem mystischen Erlebnis, den kein Konzertsaal nachahmen kann. Im Anschluss an die Veranstaltung treffen sich die Gäste auf ein Glas Wein im rückwärtigen Kirchenschiff, um den Abend ausklingen zu lassen.

Flingern at night und **Flingern rollt den roten Teppich aus** sind relativ junge Veranstaltungen. 2007 wurden sie ins Leben gerufen, um Flingern mit seinen Geschäften, Ateliers und Galerien in den Fokus der Öffentlichkeit zu rücken. Vor allen Dingen sollte mit dem bis dato immer noch bestehenden Vorurteil aufgeräumt werden, Flingern sei ein verrufener, dreckiger Stadtteil und sozialer Brennpunkt, der nichts zu bieten habe. Viel zu wenige Menschen kamen ins Viertel, um einzukaufen, und selbst seine Bewohner übersahen die vielen neuen Läden, die sich still und leise angesiedelt hatten. Ein Schlüsselerlebnis für mich war damals der Hinweis eines Flinger Bürgers, der mich fragte, ob ich schon den neuen Goldschmied in der Birkenstraße gesehen hätte. Der „neue" Goldschmied, Aldenhoff Jewellers, war aber gar nicht so neu, sondern existierte an dieser Stelle bereits seit einigen Jahren.

Um die Läden des Viertels in den Mittelpunkt zu rücken, schied ein weiteres Straßenfest oder ein Fest auf dem Hermannplatz aus. Ein Event für den gesamten Stadtteil sollte es werden, ein Event mit und in den Geschäften, an dem Gastlichkeit und Kommunikation im Vordergrund stehen. Abends und bis in die Nacht sollte es sein und an einem Donnerstag, also kurz vor dem Wochenende, wenn traditionell in der Stadt wenig passiert. Die Besucher sollten die Geschäfte betreten können, ohne den Zwang, etwas kaufen zu müssen. Bei einem Glas Wein und leckeren Kleinigkeiten mit seinen Gästen ins Gespräch kommen – das sollte im Vordergrund stehen. Mit besonderen Angeboten auf seine Produkte aufmerksam machen war ein weiteres Anliegen. Aber natürlich konnte auch jeder Besucher – wenn er denn wollte – einkaufen.

Das Konzept ging auf und war im Mai 2007 wohl einzigartig nicht nur in Düsseldorf, sondern in

Flingern at night

ganz Deutschland. Ein ganzer Stadtteil lud bis Mitternacht in seine Geschäfte ein. Es ist das Sowohl-als-auch, was die Menschen an diesen Abenden nach Flingern zieht: Mode- und Schmuckdesigner, Künstlerateliers und Galerien, Blumen-, Schreibwaren- und Bekleidungsgeschäfte, Handwerksbetriebe, Buchhandlungen, Möbel- und Einrichtungsgeschäfte, Weinhandlungen, Gastronomie, Secondhand-, Trödel- und Antikläden. Mittlerweile beteiligen sich ebenfalls die Gemeinden der katholischen Elisabeth- und der Liebfrauenkirche. Alle bieten etwas Besonderes an. Jeder hat sein persönliches kleines Event in dem gemeinsamen großen. Mit beiden Veranstaltungen wandelte sich Flingern in kürzester Zeit von einem gemiedenen ehemaligen Arbeiterviertel in ein begehrtes Szeneviertel Düsseldorfs. Und die Besucher kehren auch zwischen den Veranstaltungen immer wieder ins Viertel zurück, um in aller Ruhe ihre Lieblingsgeschäfte aufzusuchen.

„Hier ist es ja wie im Urlaub." „Wir wussten gar nicht, wie schön Flingern ist." Zu **Flingern at night,** Ende Mai eines jeden Jahres, verwandelt sich das Viertel in einen mediterranen Urlaubsort. In der lauen Frühlingsnacht flanieren Tausende gut gelaunter Menschen aller Altersklassen durch die Straßen von Geschäft zu Geschäft.

Nachbarschaftstreffen auf dem Hermannplatz

Trubel im Viertel

Die Besucher kommen aus ganz Düsseldorf und den umliegenden Städten, sogar von der niederländischen Grenze und aus dem Frankfurter Raum. Unter ihnen wandeln viele ehemalige Flingerer, die sich fragen, warum sie den Stadtteil jemals verlassen haben, und viele alteingesessene Bürger, die voller Stolz auf das bunte Treiben in den Straßen blicken und sich daran erfreuen, wie beliebt ihr Viertel ist und wie sehr es an diesem Abend bewundert wird.

Das gilt auch für **Flingern rollt den roten Teppich aus**, Düsseldorfs ungewöhnlichsten Weihnachtsmarkt. Jedes Jahr Ende November legen Flingerns Geschäfte, Galerien, Ateliers und Gastrobetriebe buchstäblich einen roten Teppich vor ihren Eingängen aus. Statt Buden und Ständen auf den Straßen werden die Läden selbst zu einem ganz individuellen Weihnachtsmarkt mit verlockenden kulinarischen Genüssen und Inspirationen für die anstehenden Weihnachtsgeschenke. Wer will, kann natürlich seinen Glühwein auf der Straße vor den Geschäftsräumen genießen, was je nach Wetterlage auch getan wird, aber die meisten Gäste zollen der kälteren Jahreszeit Tribut und genießen Kommunikation und Gastfreundschaft hinter den Schaufenstern.

REZEPT KIRMESBLATZ

Zutaten:
1 kg Weizenmehl
½ l Milch (3,5 %)
150 g Butter
1 TL Salz
150 g Zucker
60g Frischhefe
das Mark einer Vanilleschote

Zubereitung:
Zerkleinerte Hefe mit einem Esslöffel Zucker in eine Tasse geben, mit etwas lauwarmer Milch bedecken und so lange gehen lassen, bis die Hefe in der Tasse aufgequollen ist.
In der Zwischenzeit das Mehl in eine Schüssel geben, in die Mitte eine Vertiefung drücken und auf den Rand das Salz und den Zucker geben.
Die Butter in einem Topf auflösen, aber nicht heiß werden lassen. Die gequollene Hefe, die flüssige Butter, das Vanillemark und den Rest lauwarmer Milch in die Vertiefung zum Mehl geben und alles gut verrühren. 15 Minuten gehen lassen.
Dann den Teig gut durchkneten und weitere 45 Minuten gehen lassen.
Eine große Kastenform (35 cm) mit Backpapier auslegen und den Teig einfüllen. Weitere 30 Minuten gehen lassen. Backofen vorheizen und den Blatz bei 180 °C Heißluft 50 Minuten backen.

Freizeit

Allwetterbad Flingern (S. 38)
Flinger Broich 91, 40235 Düsseldorf,
Tel. (02 11) 8 21-6616

Bezirkssportanlage Flingern (S. 37)
Flinger Broich 87, 40233 Düsseldorf,
Tel. (02 11) 8 99 52 30

Capitol Theater (S. 67)
Erkrather Straße 30, 40233 Düsseldorf,
Tel. (02 11) 73 44-150,
www.capitol-theater.de

Freizeitbad Düsselstrand (S. 30)
Kettwiger Straße 50, 40233 Düsseldorf,
Tel. (02 11) 8 21-6220

Kinderspielhaus Düsseldorf (S. 83)
Dorotheenstraße 39, 40235 Düsseldorf,
Tel. (02 11) 8 99-8624,
www.kinderspielhaus-duesseldorf.de

Theater FLINgern – Neue Bühne Düsseldorf e. V. (S. 80)
Ackerstraße 144, 40233 Düsseldorf,
Tel. (02 11) 6 79 88 71, www.theaterflin.de

tanzhaus nrw (S. 68)
Erkrather Straße 30, 40233 Düsseldorf,
Tel. (02 11) 1 72 70-0,
www.tanzhaus-nrw.de

zakk, Zentrum für Aktion, Kultur und Kommunikation (S. 66)
Fichtenstraße 40, 40233 Düsseldorf,
Tel. (02 11) 9 73 00 10, www.zakk.de

Kunst

Atelier Felicitas Lensing-Hebben (S. 74)
Ackerstraße 144, 40233 Düsseldorf,
Tel. (02 11) 6 21 88 44,
www.felicitas-lensing-hebben.de

Atelier Martina Etienne (S. 76)
Ackerstraße 201, 40235 Düsseldorf,
Tel. (02 11) 68 48 57,
www.martina-etienne.kulturserver-nrw.de

Christophe Emmanuel Bouchet (S. 75)
Atelier Verrückte Liebe,
Ackerstraße 143,
Tel. (02 11) 3 23 86 00,
www.christoph-emmanuel-bouchet.de

Christoph Wanner-Krause (S. 73)
Ackerstraße 123, 40233 Düsseldorf,
Tel. (02 11) 66 49 13,
www.wanner-krause.de

Cosar HMT (S. 72)
Flurstraße 57, 40235 Düsseldorf,
Tel. (02 11) 32 97 35,
www.cosarhmt.de

Eremiten-Presse und Verlag Eremiten Presse (S. 77)
Fortunastraße 11, 40235 Düsseldorf,
Tel. (02 11) 66 05 90

Galerie Conrads (S. 71)
Lindenstraße 167, 40233 Düsseldorf,
Tel. (02 11) 3 23 07 20, www.galerieconrads.de

Galerie Ruth Leuchter (S. 71)
Hermannstraße 36, 40233 Düsseldorf,
Tel. (02 11) 32 97 91, www.ruthleuchter.de

Konrad Fischer Galerie (S. 71)
Platanenstraße 7, 40233 Düsseldorf,
Tel. (02 11) 68 59 08,
www. konradfischergalerie.de

Kristin Dembny (S. 74)
Hermannstraße 22 a, 40233 Düsseldorf,
Tel. (01 73) 7 20 33 30,
www.kristindembny.com

Petra Rinck Galerie (S. 72)
Ackerstraße 199, 40233 Düsseldorf,
Tel. (02 11) 15 77 69 16,
www.petrarinckgalerie.de

Schönewald Fine Arts (S. 71)
Lindenstraße 182, 40233 Düsseldorf,
Tel. (02 11) 8 30 94 06,
www.schoenewaldundbeuse.de

VAN HORN (S. 72)
Ackerstraße 99, 40233 Düsseldorf,
Tel. (02 11) 5 00 86 54, www.van-horn.net

Läden

61 ° möbeldesign (S. 90)
Ackerstraße 144, 40233 Düsseldorf,
Tel. (01 73) 5 31 47 04, www.61grad.de

Aldenhoff Jewellers (S. 99)
Birkenstraße 96, 40233 Düsseldorf,
Tel. (02 11) 35 71 30, www.aldenhoff.com

archefilo (S. 91)
Ackerstraße 191, 40233 Düsseldorf,
Tel. (02 11) 1 65 59 94, www.archefilo.de

atelier für raumgestaltung Roth (S. 97)
Hermannstraße 31, 40233 Düsseldorf,
Tel. (02 11) 36 45 50, www.atelierroth.de

Atelier Susanne Mayer (S. 92)
Hoffeldstraße 7, 40235 Düsseldorf,
Tel. (02 11) 9 72 62 69

blattgold (S. 97)
Hermannstraße 28, 40233 Düsseldorf,
Buchbinderei Jan Adolphs:
Tel. (02 11) 67 15 31,
Goldschmiede Isabel Beyermann:
Tel (02 11) 68 28 41,
www.blattgold-duesseldorf.de

Büroorganisation Sinder (S. 90)
Ackerstraße 209, 40235 Düsseldorf,
Tel. (02 11)67 30 97, www.sinder.de

Butik (S. 91)
Ackerstraße 184, 40235 Düsseldorf,
Tel. (02 11) 6 10 17 78

Chic für alle Felle (S. 92)
Hoffeldstraße 54, 40235 Düsseldorf,
Tel. (02 11) 6 91 54 34,
www.chic-fuer-alle-felle.de

Das Krönchen (S. 94)
Lindenstraße 186, 40233 Düsseldorf,
Tel. (01 73) 9 73 22 44,
www.das-kroenchen.de

DearSirs (S. 89)
Ackerstraße 107, 40233 Düsseldorf,
Tel. (02 11) 29 77 37,
www.dearsirs-schuhwerk.de

Dessous Heike Siemes (S. 90)
Ackerstraße 203, 40235 Düsseldorf,
Tel. (02 11) 67 16 45

.druckbar (S. 91)
Lindenstraße 214, 40235 Düsseldorf,
Tel. (02 11) 73 28 46 72,
www.druckbar.blogspot.com

Ela Eis (S. 99)
Birkenstraße 110, 40233 Düsseldorf,
Tel (02 11) 1 58 14 99,
www.madeby-elaeis.de

funky kleidsam (S. 91)
Ackerstraße 145, 40233 Düsseldorf,
Tel. (02 11) 6108 99 56, www.kleidsam.eu

Heaven7 (S. 101)
Grafenberger Allee 145, 40237 Düsseldorf,
Tel. (02 11) 2 30 36 36, www.heaven7.info

Heike Elfrink Schmuck (S. 97)
Lindenstraße 142, 40233 Düsseldorf,
Tel. (02 11) 69 55 48 08,
www.heike-elfrink.de

Il Mugello (S. 101)
Ackerstraße 184, 40235 Düsseldorf,
Tel. (02 11) 2 30 40 76, www.il-mugello.de

Jolie Folie (S. 91)
Ackerstraße 142, 40233 Düsseldorf,
Tel. (02 11) 66 96 72 14, www. joliefolie.de

Karin Mundigl (S. 101)
Hoffeldstraße 23, 40235 Düsseldorf,
Tel. (01 79) 6 85 30 36

Kleiderwerkstatt (S. 92)
Hoffeldstraße 7, 40235 Düsseldorf,
Tel. (02 11) 6 79 01 27

klein aber fein (S. 91)
Ackerstraße 137, 40233 Düsseldorf

La Terra (S. 92)
Ackerstraße 204, 40235 Düsseldorf,
Tel. (02 11) 68 35 68, www.laterra.de

La Vinesse (S. 97)
Lindenstraße 77, 40233 Düsseldorf,
Tel. (02 11) 2 30 44 08, www.lavinesse.de

Lieblingsstücke (S. 94)
Bruchstraße 1, 40235 Düsseldorf,
Tel. (02 11) 6 99 93 67,
www.lieblings-stuecke.de

Man(n) bleibt Mann (S. 90)
Ackerstraße 147, 40233 Düsseldorf

Maria Hahlen (S. 100)
Dorotheenstraße 10, 40235 Düsseldorf,
Tel. (02 119 68 20 19

Metzgerei Grefges (S. 99)
Birkenstraße 85, 40233 Düsseldorf,
Tel. (02 11) 66 69 50,
www.metzgerei-grefges.de

Misprint (S. 91)
Ackerstraße 168 b, 40233 Düsseldorf,
Tel. (02 11) 9 89 44 97,
www.misprint.info

NewYorkRioTokio (S. 89)
Ackerstraße 113, 40233 Düsseldorf,
Tel. (01 70) 9 82 31 54, www.nyrt.de

Norman Icking (S. 91)
Atelier Hermannstraße 23,
40233 Düsseldorf, Tel. (02 11) 6 91 32 19

PerlenReich (S. 92)
Ackerstraße 215, 40235 Düsseldorf,
Tel. (02 11) 2 39 58 11,
www.perlenreich.blogspot.com

Regenbogen Buchhandlung (S. 94)
Lindenstr.175, 40233 Düsseldorf,
Tel.(02 11) 44 32 96, www.regenbogen-buchhandlung.de

S & S Centro (S. 90)
Ackerstraße 105, 40233 Düsseldorf,
Tel. (02 11) 6 91 23 27,
www.centro-soriano.de

Snoepjes (S. 92)
Hoffeldstraße 42, 40235 Düsseldorf,
Tel. (01 77) 9 00 97 00, www.snoepjes.de

Stauraum (S. 95)
Lindenstraße 184, 40233 Düsseldorf,
Tel. (02 11) 73 14 98 77,
www.stauraum-duesseldorf.de

Suburbia (S. 91)
Dorotheenstraße 20 (Eingang Ackerstraße),
40235 Düsseldorf,
Tel. (02 11) 69 51 04 40,
www.suburbia-store.de

Türkisches Hamam Düsseldorf (S. 100)
Birkenstraße 41, 40233 Düsseldorf,
Tel. (02 11) 2 29 84 77,
www.hamam-duesseldorf.com

Unterhaltung (S. 91)
Ackerstraße 161, 40233 Düsseldorf,
Tel. (02 11) 73 28 64 73, www.unterhaltung-lieblingsstuecke.de

URSBOB (S. 97)
Hermannstraße 33, 40233 Düsseldorf,
Tel. (02 11) 6 99 96 96, www.ursbob.de

Weinladen (S. 99)
Birkenstraße 127, 40233 Düsseldorf,
Tel. (02 11) 66 75 07,
www.weinladen-online.de

Zweirad Eggert (S. 90)
Ackerstraße 144, 40233 Düsseldorf,
Tel. (02 11) 66 21 34

Lokale

Alte Metzgerei (S. 106)
Hoffeldstraße 48, 40235 Düsseldorf,
Tel. (02 11) 5 80 34 05,
www.altemetzgerei.de

Beethoven (S. 109)
Ackerstraße 106, 40233 Düsseldorf,
Tel. (02 11) 6 79 09 73,
www.beethoven-flingern.de

Böser Chinese (S. 102)
Platanenstraße 21, 40233 Düsseldorf,
Tel. (02 11) 8 30 95 76,
www.boeser-chinese.de

Hüftgold (S. 109)
Ackerstraße 113, 40233 Düsseldorf,
www.cafehueftgold.de

Luang Prabang (S. 104)
Platanenstraße 26, 40233 Düsseldorf,
Tel. (02 11) 2 30 42 75,
www.luang-prabang.net

ManThei (S. 113)
Ackerstraße 161, 40233 Düsseldorf,
Tel. (02 11) 6 87 77 80 , www.sushitaxi.de

nebenan (S. 108)
Grafenberger Allee 145, 40237 Düsseldorf,
Tel. (02 11) 22 96 26 29

nooij (S. 107)
Hoffeldstraße 37, 40235 Düsseldorf,
Tel. (02 11) 6 98 66 09, www.nooij.de

Okra (S. 111)
Ackerstraße 119, 40233 Düsseldorf,
Tel. (02 11) 6 91 18 56

Pepperchiefs (S. 102)
Birkenstraße 55, 40233 Düsseldorf,
Tel. (02 11) 17 83 35 81, www.pepper-chiefs.com

Schmalbauch (S. 101)
Birkenstraße 46, 40233 Düsseldorf,
Tel. (02 11) 68 36 67

Trinkhalle (S. 111)
Ackerstraße 144, 40233 Düsseldorf,
Tel. (02 11) 5 98 95 49,
www.trinkhalle-duesseldorf.de

Walldorf (S. 104)
Flurstraße 19, 40235 Düsseldorf,
Tel. 802 11) 66 48 51

Vereine

Boxring Düsseldorf 1946 e. V. (S. 41)
Flinger Broich 5, 40235 Düsseldorf,
Tel. (02 11) 2 29 30 38

Bürgerinitiative Flingern e. V. (S. 64)
Herr Eberhard Kentrup, Vennstraße 162 a,
40627 Düsseldorf, Tel. (02 119 20 12 36,
www.flingern-strassenfest.de

Bürger- und Heimatverein Flingern 1927 e. V. (S. 56)
Herr Helmut Kuckelkorn,
Grafenberger Allee 111, 40237 Düsseldorf,
Tel. (02 11) 67 44 52

Düsseldorfer Turn- und Sportverein Fortuna 1895 e. V. (S. 43)
Flinger Broich 87, 40235 Düsseldorf,
Tel. (02 11) 23 80 10,
www.fortuna-duesseldorf.de

Kleingartenverein Düsseldorf e. V. (S. 35)
Flinger Broich 80, 40235 Düsseldorf,
Tel. (02 11) 23 20 40

Spiel- und Sportvereinigung Freie Schwimmer Düsseldorf e. V. (S. 39)
Flinger Broich 91, 40235 Düsseldorf,
Tel. (02 11) 23 19 10,
www.freie-schwimmer.de

St.-Rochus-St.-Sebastianus-Schützenverein Düsseldorf-Flingern e. V. (S. 113)
Herr Hans-Werner Backes, Ahornallee 8,
40468 Düsseldorf, Tel. (02 11) 4 22 92 29,
www.schuetzenverein-flingern.de

Gesamtgestaltung: Droste Verlag, Düsseldorf
Fotos: *Capitol Theater Düsseldorf: Seite 67 u., o. l.;
Droste Verlag: Seite 30, 32, 34, 36, 37, 38, 39, 40, 48,
57 u., 91, 97, 99, 100, 102, 103, 111; Fotolia: Seite 122;
Uli Gerritzen: Seite 46, 47; Alexander Hanenberg: Seite 5, 12, 15, 20, 21,
22, 30, 42, 50, 52, 53, 67, 72, 81, 94, 95, 96;
Walter Reinhard: Seite 7; Michael Rennertz: Cover, Seite 2, 9, 14, 19, 45,
54, 63, 87, 88, 89, 90, 93, 95, 98, 105 o., 106, 107, 110, 112, 119 u.;
Stadtarchiv Düsseldorf: Seite 16; Stadtwerke Archiv: Seite 23, 24, 25, 26, 31;
Tanzhaus NRW: Seite 68 (o: Katja Illner, u: Ulrich Otte);
Monika Wanner-Krause: Seite 73; Arkadius Zagrabski: S. 43;
alle übrigen Fotos: Bärbel Hanenberg-Kranz*

Druck und Bindung: B.o.s.s Druck und Medien GmbH, Goch

(Alle Abweichungen, die nach dem Redaktionsschluss erfolgten,
konnten im Buch nicht mehr berücksichtigt werden.
Hinweise und Änderungen nehmen wir gerne entgegen.)

ISBN 978-3-7700-1438-5
www.drosteverlag.de